UMA BREVE HISTÓRIA DAS MENTIRAS FASCISTAS

UMA BREVE HISTÓRIA DAS MENTIRAS FASCISTAS

Federico Finchelstein

2ª reimpressão

TRADUÇÃO Mauro Pinheiro

VESTÍGIO

Copyright © 2020 Federico Finchelstein
Publicado mediante acordo com a University of California Press.

Título original: *A Brief History of Fascist Lies*

Todos os direitos reservados pela Editora Vestígio. Nenhuma parte desta publicação poderá ser reproduzida, seja por meios mecânicos, eletrônicos, seja via cópia xerográfica, sem a autorização prévia da Editora.

EDITOR RESPONSÁVEL
Arnaud Vin

EDITOR ASSISTENTE
Eduardo Soares

PREPARAÇÃO
Eduardo Soares

REVISÃO
Bruni Emanuele Fernandes

CAPA
Diogo Droschi (sobre imagem de Petlin Dmitry/shutterstock)

DIAGRAMAÇÃO
Guilherme Fagundes

Dados Internacionais de Catalogação na Publicação (CIP)
Câmara Brasileira do Livro, SP, Brasil

Finchelstein, Federico, 1975-
  Uma breve história das mentiras fascistas / Federico Finchelstein ; tradução de Mauro Pinheiro. – 1 ed.; 2. reimp. – São Paulo : Vestígio, 2024. -- (Espírito do tempo ; 3 / coordenação Arnaud Vin).

  Título original: A Brief History of Fascist Lies
  ISBN 978-65-8655-105-1

  1. Fascismo 2. Fascismo - História - Século 20 3. Nazismo 4. Populismo 5. Ditadura 6. Democracia 7. Eleições 8. Fake news I. Título. II. Série.

20-39579   CDD-320.533

Índices para catálogo sistemático:
1. Fascismo : Ciências políticas 320.533

Cibele Maria Dias - Bibliotecária - CRB-8/9427

A **VESTÍGIO** É UMA EDITORA DO **GRUPO AUTÊNTICA**

São Paulo
Av. Paulista, 2.073 . Conjunto Nacional
Horsa I . Salas 404-406 . Bela Vista
01311-940 . São Paulo . SP
Tel.: (55 11) 3034 4468

Belo Horizonte
Rua Carlos Turner, 420
Silveira . 31140-520
Belo Horizonte . MG
Tel.: (55 31) 3465 4500

www.editoravestigio.com.br
SAC: atendimentoleitor@grupoautentica.com.br

Para Lucia, Gabi e Laura

SUMÁRIO

Prefácio à edição brasileira   9
Introdução   15

1. Sobre as mentiras fascistas   27
2. Verdade e mitologia
   na História do fascismo   37
3. Fascismo encarnado   47
4. Inimigos da verdade?   53
5. Verdade e poder   63
6. Revelações   75
7. O inconsciente fascista   87
8. Fascismo contra a psicanálise   97
9. Democracia e ditadura   109
10. As forças da destruição   121

Epílogo: A guerra populista contra a História   129
Agradecimentos   149
Notas   151

■ PREFÁCIO À EDIÇÃO BRASILEIRA

COMECEI A ESCREVER ESTE PREFÁCIO em meio à pandemia do coronavírus. Lamentavelmente, eu o fiz confinado em meu apartamento na cidade de Nova York, onde vivo e trabalho há quatorze anos. Vivemos um momento que nos parece excepcional, mas que logo, assim como todos os demais, será um capítulo de uma história mais vasta. Neste cenário, só me resta lamentar que este livro tenha se tornado ainda mais pertinente. Em outras palavras, a partir da análise das mentiras do fascismo no passado, pode-se compreender melhor estes estranhos tempos que vivemos. Passado e presente exibem odiosas convergências dos modos como o poder nega a realidade e como essas negações terminam, às vezes alterando-a e, em geral, ampliando-a, chegando inclusive a gerar desastres.

Conforme analiso no presente livro, os fascistas imaginaram novas realidades, e logo transformaram as verdadeiras. No mesmo caminho seguem seus sucessores.

Tomemos como exemplo a crise desencadeada pelo coronavírus e as ações xenófobas de pós-fascistas como Donald Trump, e também as exaltações exageradas e as reações de seus seguidores globais.

A ideia de culpar as minorias e os imigrantes pela propagação de doenças não é nova e, de fato, possui precedentes fascistas. Há muitas formas de frear a transmissão do coronavírus, porém, a combinação de ideologia, magia e má ciência não deveria ser uma delas.

É lastimável que, no contexto da pandemia, tenham se expandido, como o próprio vírus, as formas autoritárias que deveriam combater a doença, mas que na verdade a negligenciaram, através do poder da vontade ou da crença no mundo ideológico dos líderes.

Faz-se necessário recordar que as formas totalitárias de abordar as enfermidades não alcançaram grandes resultados no passado. A mistura fascista que envolve ideologias políticas, racismo e perseguição do outro não conduziu a revoluções científicas nem a grandes descobertas, exceto à violência e, inclusive, ao genocídio. No Holocausto, primeiro as vítimas foram acusadas de propagação de doenças, e então os nazistas criaram condições artificiais e insalubres nos guetos e nos campos de concentração e extermínio para que a ideologia pudesse se impor à realidade. Somente nesse universo criado por eles, as vítimas adoeceram e propagaram moléstias. Por outro lado, o fascismo criou enfermidades imaginárias por todas as partes, mas não obteve grandes avanços com as verdadeiras.

Mais recentemente, tanto Trump quanto Jair Messias Bolsonaro, no Brasil, Viktor Orbán, na Hungria, e Narendra

Modi, na Índia, mentiram sobre o coronavírus e o utilizaram como pretexto para promover seus ímpetos totalitários. Esse novo negacionismo adotou formas grotescas. Um caso já tristemente emblemático foi o de Trump aconselhando a ingestão de produto desinfetante, ao mesmo tempo que pedia o afrouxamento das medidas sanitárias para a população, medidas estas aprovadas pelos especialistas de seu próprio governo. No caso de Modi, ele culpou um grupo de missionários muçulmanos pela propagação do vírus, sem mencionar as reuniões semelhantes realizadas entre grupos hindus. No caso de Orbán, o autocrata húngaro utilizou a pandemia para criar poderes quase ditatoriais, chegando a uma situação que muitos interpretaram como uma "coronaditadura". Além do poder de anular e criar leis, Orbán se atribuiu a capacidade de prender aqueles que promoviam "verdades distorcidas". Outro caso não menos hostil foi o de Bolsonaro negando diretamente a doença, contestando a autoridade dos especialistas da OMS (organização que, segundo o "capitão", se dedica a fomentar a masturbação e a homossexualidade nas crianças), fabricando realidades alternativas e associando as posições contra a quarentena à necessidade de fechar o Congresso. O mesmo pode ser dito dos pós-fascistas do Vox, na Espanha, ou de Matteo Salvini, na Itália. Todos eles mesclaram suas fantasias xenófobas e autoritárias com a ciência e a enfermidade, e o resultado não podia estar mais distante da realidade.

Depois de negar a importância do vírus, Trump optou por um coquetel de xenofobia, medidas sanitárias tardias e até mesmo a intenção de comprar uma empresa alemã para obter uma vacina antes do resto do mundo. Trump vinculou, como solução diante da doença, a construção de seu muro anti-imigrantes e a ideia de um "vírus chinês" à promoção de sua vontade e à sua certeza de que tudo acabará bem. Não satisfeito com sua demonização dos imigrantes sem documentos, Trump suspendeu a imigração legal por completo.

Um elemento central da mentira fascista é a projeção. Os fascistas sempre negam o que são e atribuem suas próprias características, sua responsabilidade e sua própria política totalitária a seus inimigos. Munido desse precedente ideológico, Trump afirmou em 27 de abril de 2020: "Tem havido muitas mortes desnecessárias neste país. Poderiam ter sido evitadas, e de uma vez, mas parece que alguém, faz muito tempo, decidiu não agir dessa maneira. E todo mundo está sofrendo por isso". No início da crise sanitária, ele prometeu que até abril o vírus teria desaparecido, e, em 19 de fevereiro de 2020, declarou a um canal de televisão de Phoenix: "Creio que os números melhorarão progressivamente à medida que progredimos". Quatro dias depois, qualificou a situação como "insuficientemente controlada" e acrescentou: "Tínhamos 12 casos, em certo momento. E agora melhorou muito. Vários deles estão completamente recuperados". Enquanto escrevo estas linhas, no início de agosto de 2020, os Estados Unidos são o país com o maior número de contaminados e de mortes em todo o planeta. São 5 milhões de infectados e mais de 162 mil vítimas fatais. Em segundo lugar, vem o Brasil, com quase 3 milhões de casos e 100 mil mortos. O fato de os países governados por Trump e Bolsonaro ocuparem os primeiros lugares nesse pódio infame não é uma mera casualidade, e isso pode ser explicado a partir de uma ideologia autoritária que nega a ciência e enaltece a mentira.

No Brasil, uma ideologia com propagandas golpistas, muito próxima do fascismo, tem se intercalado com o nacionalismo e o messianismo mais extremo a fim de ignorar a pandemia e o bem-estar da população O pior de tudo é que, em vez de se antecipar à tormenta, o presidente brasileiro dedicou-se a promovê-la. Concretamente, os populismos de extrema-direita atacam os direitos dos cidadãos e põem ainda mais em risco a saúde da população em tempos de pandemia. Essa falta de responsabilidade teve suas edições anteriores na Itália e na Espanha, ainda que nesses países os pós-fascistas não detenham o poder, como Trump e Bolsonaro.

Na Itália, a ideia de que o vírus era algo exterior à nação foi promovida pelos populistas de direita, e um de seus líderes afirmava que "o verdadeiro problema é a pandemia midiática que estão espalhando internacionalmente, não a sanitária".[1] Como Trump e Bolsonaro, os populistas italianos negaram sua responsabilidade e até mesmo promoveram o avanço da enfermidade.

A ideia com raízes fascistas de que o nacionalismo, ou a grandeza nacional, pode combater a doença foi substituída pela mentira, ou propaganda mais simples, quando a ideologia nacionalista não bastou. No entanto, para aqueles que acreditam no culto de seus líderes, essas mentiras são suficientes; mas esse não é o caso para o resto da população. As mentiras e o preconceito matam.

Os pós-fascistas espanhóis, sem sérias responsabilidades governistas, reproduzem os mesmos argumentos que contribuíram para levar uma situação tão calamitosa ao norte da Itália.

No caso do Vox, muitos entre seus líderes se contaminaram depois de ter convocado manifestações políticas, numa atitude contrária à prevenção e ao isolamento recomendados pelos especialistas. Entretanto, uma vez contaminados, suas fantasias xenófobas os levaram a afirmar que o vírus era coisa de chinês, e que seus anticorpos personificavam a nação em seu conjunto. Para os historiadores do fascismo e da saúde, essa fusão entre luta nacional e enfermidade é uma marca indelével de regimes como os de Hitler e Mussolini.

Ditadores e demagogos que negam a realidade e fazem da mentira uma política de governo encontram dificuldades para lidar com as consequências concretas daquilo que negam. Em alguns casos, se isolam ou se expõem e, pior ainda, expõem muitos outros às enfermidades. Diante delas, fascistas e pós-fascistas propõem soluções mágicas, e isso poderia, ou deveria, ter consequências devastadoras para os populistas mais extremistas e seus aliados fascistas. A mistura de fascismo, pós-fascismo, xenofobia e doença tem resultados letais; essas ideias se baseiam na mais absoluta irresponsabilidade. Historicamente, o fascismo e a mentira caminham de braços dados, mas cedo ou tarde, todos – inclusive seus seguidores – verão seus imperadores nus. Lamentavelmente, antes de sua queda, muitos cidadãos pagarão pelas consequências de suas ações.

Nova York, 6 de agosto de 2020.

■ INTRODUÇÃO

> *O que vocês estão vendo e o que vocês estão lendo não é o que está acontecendo.*
> DONALD J. TRUMP, 2018

> *Desde então, uma luta entre a verdade e a mentira tem sido travada. Como sempre, dessa luta, a verdade sairá vitoriosa.*
> ADOLF HITLER, 1941

> *Você deve acreditar em mim porque estou acostumado – este é o sistema da minha vida – a dizer, sempre e em todo lugar, a verdade.*
> BENITO MUSSOLINI, 1924

UMA DAS PRINCIPAIS LIÇÕES da história do fascismo é que mentiras racistas conduziram a uma violência política extrema. Hoje, as mentiras estão de volta ao poder. Essa é, agora mais do que nunca, uma lição importante da história do fascismo. Se quisermos entender nosso preocupante presente, precisamos prestar atenção à história dos ideólogos fascistas e a como e por que a retórica desses homens levou ao Holocausto, à guerra e à destruição. Precisamos da história para nos lembrar como tanta violência e racismo aconteceram num período tão curto de tempo. Como foi que os nazistas e outros fascistas chegaram ao poder e assassinaram milhões de pessoas? Eles fizeram isso espalhando mentiras ideológicas. O poder político fascista derivou significativamente da cooptação da verdade e da ampla propagação de mentiras.

Atualmente, testemunhamos uma onda emergente de líderes populistas de direita em todo o mundo. E, bem semelhante aos líderes fascistas do passado, uma grande parte do seu poder político é erigida questionando a realidade; endossando mito, ódio e paranoia; e promovendo mentiras.

Este livro apresenta uma análise histórica da utilização das mentiras políticas pelos fascistas e da maneira como eles entendem a verdade. Essa questão se tornou extremamente importante no momento atual, uma era, às vezes, descrita como pós-fascista e, outras vezes, como pós-verdade. A proposta é apresentar um recorte histórico que convide a uma reflexão profunda sobre a história da mentira nas políticas fascistas de modo a nos ajudar a pensar sobre a utilização de mentiras políticas nos nossos tempos.

A mentira é, decerto, tão velha quanto a política. Propaganda, hipocrisia e falsidade são onipresentes na história das lutas pelo poder político. Esconder a verdade em nome de um bem maior é um traço distintivo da maior parte – senão de toda – da história política. Liberais, comunistas, monarcas, democratas e tiranos também mentiram repetidamente. Que fique claro: os fascistas não foram os únicos que mentiram em sua época, tampouco seus descendentes são os únicos a mentir hoje em dia. Na verdade, o filósofo alemão e judeu Max Horkheimer observou, certa vez, que a submissão da verdade ao poder se encontra no coração da modernidade.[1] Mas o mesmo argumento pode ser usado para as épocas passadas. Na história mais recente, estudar os mentirosos fascistas não deveria significar deixar liberais, conservadores e comunistas fora do grupo. Na verdade, as mentiras, bem como um entendimento elástico da verdade, são marcas distintivas de diversos movimentos políticos.[2] Mas o ponto que pretendo esclarecer neste livro é que os fascistas e, agora, os mentirosos populistas jogam no mesmo time.

A mentira fascista não é nem um pouco típica. Essa diferença não é uma questão de gradação, ainda que a gradação seja significativa. A mentira é uma característica do fascismo de um modo que não ocorre em outras tradições políticas. A mentira é incidental no, digamos, liberalismo de uma maneira que não acontece no fascismo. E, na verdade, quando se trata de enganações fascistas, elas partilham poucas coisas com outras formas de política na história. Elas estão situadas além das formas mais tradicionais de duplicidade política. Os fascistas consideram que suas mentiras estão a serviço de verdades simples e absolutas, que são de fato mentiras ainda maiores. Assim, as mentiras destes na política justificam uma história à parte.

***

Este livro aborda a posição fascista sobre a verdade, que estabelece as bases daquilo que se tornou uma história fascista das mentiras. Essa história ainda ressoa em nossos tempos sempre que terroristas fascistas, de Oslo a Pittsburgh e de Christchurch a Poway, decidem, após transformar mentiras em realidade, colocá-las em prática com violência letal.

No momento em que concluí este livro, um fascista massacrou vinte pessoas num Walmart em El Paso, Texas, no mais terrível atentado anti-hispânico da história dos Estados Unidos. Esse fascista terrorista evocou uma "verdade" que nada tem a ver com a história real ou a realidade. Na verdade, ele evocou "a verdade inconveniente" no título de seu curto manifesto. O assassino alegou que seu ataque havia sido uma ação preventiva contra os invasores hispânicos e que "são eles os instigadores, não eu". Sua preocupação principal eram as crianças nascidas nos Estados Unidos de pais imigrantes hispânicos, que ele nitidamente não considerava como verdadeiros americanos. Agindo assim, ele promoveu uma métrica vil e racista, que ele, e outros, acreditam que deveria ser o padrão para determinar a cidadania americana ou o status legal. Esse método de medição se baseia em coisas que nunca aconteceram: imigrantes não cruzam a fronteira dos Estados Unidos com a intenção de conquistar ou contaminar. Mas não é isso que alega a ideologia racista de supremacia branca.

O próprio racismo fascista se baseia na mentira de que os humanos são hierarquicamente divididos entre raças superiores e raças inferiores. Ele se fundamenta numa fantasia puramente paranoica de que as raças mais fracas visam dominar as mais fortes, e é por essa razão que as raças brancas precisam se defender preventivamente. Essas mentiras levam o assassino a matar. Nada há de novo na fusão operada pelos terroristas das mentiras com a morte, ou a projeção de suas visões racistas e totalitárias sobre as intenções de suas vítimas. Os fascistas haviam matado muitas vezes antes, em nome de mentiras disfarçadas em verdades. Mas, em contraste com histórias anteriores de fascismo, desta vez os fascistas partilham objetivos comuns com os populistas no poder. Em outras palavras, suas visões racistas são partilhadas com a liderança da Casa Branca.

O fascismo começa a agir por baixo, mas é legitimado a partir de cima. Quando o presidente brasileiro Jair Bolsonaro menospreza abertamente os brasileiros de descendência africana ou quando o presidente americano Donald J. Trump trata os mexicanos como estupradores que estão "invadindo" a América em "caravanas", eles estão legitimando um raciocínio fascista para alguns de seus seguidores políticos. Mentiras fascistas, por sua vez, proliferam em discursos públicos. Como o *New York Times* explicou, após a chacina de El Paso, "Em comícios de campanha antes das eleições de meio do mandato, no ano passado, o presidente Trump repetidamente alertou que a América estava sob ataque dos imigrantes a caminho da fronteira. 'Veja os que estão marchando, isso é uma invasão!', ele declarou durante a campanha. Nove meses mais tarde, um homem branco de 21 anos é acusado de abrir fogo no Walmart de El Paso, matando vinte pessoas e ferindo uma dúzia, após escrever um manifesto protestando contra a imigração e anunciando que seu ataque era uma reação à invasão hispânica do Texas".[3]

As mesmas mentiras que motivaram o assassino de El Paso estão no seio do trumpismo e no assim chamado esforço para tornar a *America Great Again*. Mentir a respeito de coisas que fazem parte do registro permanente tornou-se parte da rotina cotidiana do presidente americano. Continuamente, Trump tem usado técnicas específicas de propaganda, mentindo inconsequentemente, substituindo o debate racional pela paranoia e o ressentimento, e colocando em dúvida a própria realidade.[4] Os ataques de Trump à mídia convencional e as instâncias fartamente documentadas em que ele alega não ter dito algo que se encontra de fato no registro público estão relacionados à história das mentiras fascistas analisadas neste livro.

Além disso, a agenda de Trump transforma premissas ideológicas, frequentemente baseadas em paranoia e ficções sobre aqueles que são diferentes ou se sentem e se comportam diferentemente, em políticas reais que incluem a adoção de medidas racistas tendo como alvo específico os muçulmanos e os imigrantes latinos, assim como o desdém por comunidades, bairros, jornalistas e políticos negros. Ao mesmo tempo, ele defendeu manifestantes nacionalistas brancos que participaram da marcha em Charlottesville, onde um adversário dos manifestantes foi assassinado.[5] Conforme explicou Ishaan Tharoor no *Washington Post*, "Ele alimentou os rancores dos nacionalistas brancos em sua base, enquanto demonizava, depreciava ou atacava imigrantes e minorias. Há poucas semanas, o presidente lançou diatribes contra a minoria feminina de parlamentares e tratou as cidades do interior da nação como zonas de 'infestação'. Antes das eleições de meio de mandato em 2018 e agora, quando sua campanha à reeleição se encontra a todo vapor, ele incitou o medo e o ódio em relação à 'invasão' de migrantes na fronteira entre México e Estados Unidos, alertando sobre um perigo vital invadindo o país".[6]

Como é possível a Casa Branca promover e provocar atos perpetrados por terroristas fascistas? Como expliquei no meu último livro, *Do fascismo ao populismo na história*, estamos testemunhando um novo capítulo na história do fascismo e do populismo, duas ideologias políticas diferentes que agora compartilham um objetivo: fomentar a xenofobia sem impedir a violência política. Assassinos fascistas e políticos populistas conservam metas em comum.

Diferentemente do fascismo, o populismo é uma interpretação autoritária da democracia que remodelou o legado do fascismo após 1945 de modo a combiná-lo com procedimentos democráticos distintos. Depois da derrota do fascismo, o populismo emergiu como uma forma de pós-fascismo, que reformula o fascismo para os tempos democráticos. Outra maneira de dizê-lo seria: o populismo é o fascismo adaptado à democracia.

Nos Estados Unidos, não surpreende que pessoas cujas ideologias se alinham à de Trump possam se engajar na violência política, desde o assédio aos imigrantes nas ruas até o envio de bombas a indivíduos que Trump costuma rotular de "inimigos do povo". Ainda que essas formas de violência política não sejam dirigidas diretamente pelo governo americano ou suas lideranças, Trump tem a responsabilidade ética e moral por estimular um clima de violência.[7]

Esse clima de violência é fomentado em nome de mentiras racistas, que são reembaladas sob a forma de verdade.[8] Tal situação apresenta uma grande quantidade de semelhanças com a mentira fascista na história. Na verdade, existem fortes laços históricos entre o fascismo alemão e o americano. O partido nazista admirava as políticas racistas e segregacionistas dos Estados Unidos durante o início do século XX, modelando suas leis de Nuremberg com base na legislação Jim Crow, que legalizava formalmente a segregação racial pública.[9] O próprio Hitler adorava as histórias do escritor alemão Karl May sobre a conquista ariana do oeste americano. Hoje em dia, a ideologia de Hitler reverbera na convicção dos neonazistas americanos de que eles são os herdeiros do legado ariano e responsáveis pela sua defesa contra uma invasão.

Graças à História, hoje conhecemos as terríveis consequências das mentiras fascistas. Sabemos o que aconteceu quando elas foram transformadas em realidade. Não foram somente as pessoas que apoiavam as políticas racistas de Hitler que levaram o fascismo alemão à vitória, mas também as pessoas que simplesmente não se importavam que um elemento definidor do nacional-socialismo fosse o racismo. A principal diferença entre aquela época e agora é que hoje há um bocado de condenação das mentiras racistas do presidente e do impacto que causam em setores mais amplos da sociedade americana. Contrastando com os tempos ditatoriais de Hitler e Mussolini, quando a imprensa livre foi eliminada, atualmente a mídia independente continua funcionando nos Estados Unidos. Seu trabalho é essencial para a democracia. Acusar a mídia de mentir, de não ser confiável, se baseia na ideia, analisada no presente livro, de que só o líder pode ser a fonte da verdade. Numa época em que o presidente americano demoniza os jornalistas, chegando a chamá-los de "inimigos do povo", a imprensa independente continua revelando as mentiras e corroborando os fatos.

O caso americano não é o único. No Brasil, Bolsonaro, chamado de o "Trump dos Trópicos", tem igualmente demonizado jornalistas, glorificado as políticas ditatoriais do país e abonado mentiras desprezíveis sobre o meio ambiente. Contra o fato das mudanças climáticas, tanto Trump quanto Bolsonaro têm apoiado falsificações que estão diretamente ligadas a um dos maiores crimes atuais no planeta: a rápida destruição da Amazônia. Como ocorre com as mentiras fascistas sobre "sangue e solo", as fraudes populistas estão ligadas à violência, não somente contra as pessoas, mas também contra a Terra. Como noticiou o *The Guardian*, a floresta amazônica "está sendo queimada e decepada no ritmo mais alarmante da memória recente [...] a uma taxa de desmatamento equivalente à superfície da ilha de Manhattan por dia". Bolsonaro negou os fatos sobre o aumento exponencial do desflorestamento em seu governo e acusou sua própria agência de meio ambiente de divulgar "números falsos". Como relatou o *New York Times*, "uma acusação destituída de fundamentos".[10]

Conforme demonstra a história do fascismo, o questionamento dessas mentiras é de importância fundamental para a sobrevivência da democracia. O fato de Trump estar alimentando suspeitas sobre o sistema eleitoral sem apresentar provas reais deveria ser levado a sério. Por exemplo, ele afirma que milhões de pessoas sem documentos na Califórnia votaram em Hilary Clinton em 2016, e que esse tipo de fraude ocorreu em outros estados americanos – afirmações que ele mesmo foi incapaz de provar. Estes e outros exemplos recorrentes de mentiras trumpistas representam um grave ataque à democracia. Elas fazem isso de maneira a perturbar a confiança nas instituições democráticas, exatamente como os fascistas fizeram. Entretanto, uma diferença essencial, até agora, é que os populistas querem apenas reduzir o poder da democracia representativa, ao passo que os fascistas queriam acabar com ela. Hoje, sabemos que a democracia precisa ser incansavelmente defendida, porque as instituições e as tradições democráticas não são tão fortes quanto muitos acreditam que sejam. De fato, as mentiras podem destruir a democracia.

O objetivo deste livro é compreender por que os fascistas do século XX consideravam as simples e odiosas mentiras como verdade, e por que outras pessoas acreditaram neles. Historicamente, as mentiras têm sido o ponto de partida de políticas antidemocráticas, um fato que teve consequências desastrosas para as vítimas do fascismo. Essa razão é suficiente para mostrar que a história das mentiras não pode ser excluída das investigações dos historiadores sobre a violência, o racismo e o genocídio políticos modernos.

Os líderes fascistas proeminentes do século XX – de Mussolini a Hitler – consideravam as mentiras como sendo verdades encarnadas por eles. Esse era o ponto central das noções que tinham do poder, da soberania popular e da história. Um universo alternativo, no qual a verdade e a falsidade não podem ser distinguidas, se baseia na lógica do mito.[11] No fascismo, a verdade mítica substituiu a verdade factual.

Atualmente, as mentiras parecem novamente substituir cada vez mais a verdade empírica. À medida que os fatos são apresentados como "fake news", e as ideias originárias daqueles que negam os fatos se tornam políticas governamentais, devemos lembrar que o debate atual sobre a "pós-verdade" tem uma estirpe política e intelectual: a história das mentiras fascistas.

1
SOBRE AS MENTIRAS FASCISTAS

*Eu dei um murro na cara de um
daqueles mentirosos. As testemunhas aprovaram
minha atitude, e fabricaram outras mentiras.
Eu não acreditei nelas, mas não ousava ignorá-las.*

JORGE LUIS BORGES

O MAIS FAMOSO PROPAGANDISTA FASCISTA, o líder nazista Joseph Goebbels, é com frequência citado equivocadamente dizendo que a repetição das mentiras era fundamental para o nazismo. Essa citação errônea resultou na imagem de um fascismo plenamente consciente da dimensão de suas falsidades deliberadas.[1] A fraude se encontra no centro do fascismo? Os mentirosos acreditam nas próprias mentiras? Estão eles cientes da falsidade? Quando Goebbels disse que Hitler sabia de tudo, e que ele era um "instrumento naturalmente criativo do destino divino",[2] dispunha ele verdadeiramente de uma noção baseada na realidade do conhecimento?

Isso é complicado. Na verdade, tendo certa vez forjado e depois divulgado notícias sobre uma tentativa de assassinato da qual teria sido vítima, Goebbels então "publicou-as" como fato em seus diários. Nesses diários, que não foram escritos para serem publicados, mas que vieram a público muitos anos depois de sua morte, ele anotou também o "sucesso" de seus discursos depois de serem celebrados pela mídia controlada por ele.[3] Estava Goebbels mentindo para si mesmo, ou ele acreditava numa forma da verdade que transcendia a demonstração empírica? Queria ele fabricar uma nova realidade? Com certeza, de uma perspectiva baseada na realidade, não há diferença entre a fabricação de uma mentira e a fé numa ideia mágica da verdade, uma fuga da veracidade. Ao inventar uma realidade alternativa, Goebbels estava mentindo para si mesmo, mas não é nisso que ele e a maioria dos fascistas transnacionais acreditavam.

Para fascistas como Goebbels, o conhecimento era uma questão de fé, e especialmente uma fé profunda no mito do líder fascista. A manipulação ou a invenção de fatos era uma dimensão importante do fascismo, mas também o era a crença numa verdade que transcendia os fatos. Os fascistas não viam contradição entre verdade e propaganda.

Goebbels definia a propaganda como "a arte não de mentir ou distorcer, mas de escutar 'a voz do povo' e 'falar com as pessoas na linguagem que essas pessoas entendem'". Como observa o historiador Richard Evans, "Os nazistas agiram com base na premissa de que eles, e somente eles, através de Hitler, possuíam o conhecimento e a compreensão profundos da alma alemã".[4] A ideia de uma verdade que emanasse da alma era o resultado de um ato de fé numa certeza absoluta que não podia ser corroborada.

Quando Adolf Hitler falava sobre grandes mentiras e grandes verdades, isso era sintomático de seu empenho em subverter o mundo do falso e do verdadeiro. O que esse homem entendia como mentiras eram fatos que se opunham à sua teoria racista do universo. Sua concepção de mundo se apoiava numa noção de verdade que não precisava de verificação empírica. Em outras palavras, o que é a verdade para a maioria de nós (o resultado demonstrado de causas e efeitos) era potencialmente falso para ele. O que a maior parte de nós veria como mentiras ou fatos inventados eram, para ele, formas superiores da verdade. Muito semelhante ao que a mídia populista atual reivindica, Hitler invertia a realidade projetando sobre seus inimigos sua própria desonestidade em relação à verdade, afirmando falsamente que os judeus eram mentirosos, não ele. O mentiroso fascista agia como se ele representasse a verdade e acusava os judeus de se engajar numa "colossal distorção da Verdade". Entretanto, Hitler associava essa verdade real aos mitos antissemitas em que acreditava, e os quais propagava.

> Os principais conhecedores dessa verdade relacionada às possibilidades no uso da falsidade e da calúnia sempre foram os judeus; pois, afinal de contas, toda a existência deles é baseada na grande mentira, isto é, a de que são uma comunidade religiosa, enquanto, na verdade, eles são uma raça – e que raça! Uma das maiores mentes da humanidade os definiu para sempre como tais numa frase eternamente correta, de verdade fundamental: ele

os chamou "os grandes mestres da mentira". E quem não reconhecer isso ou não quiser acreditar nisso jamais neste mundo será capaz de ajudar a verdade a vencer.[5]

Nas décadas de 1930 e 1940, Hitler, os fascistas argentinos e muitos outros fascistas em todo o mundo viram a verdade incorporada nos mitos antissemitas – aquilo que o filósofo judeu alemão Ernst Cassirer chamou de "mito conforme o plano".[6] Os fascistas sonhavam com uma nova realidade, e então transformaram a que era real. Dessa forma, eles redesenharam as fronteiras entre mito e realidade. O mito substituiu a realidade com políticas que visavam reformular o mundo segundo as mentiras em que os racistas acreditavam. Se as mentiras antissemitas afirmavam que os judeus eram inerentemente imundos e contagiosos, devendo assim ser mortos, os nazistas criaram condições nos guetos e nos campos de concentração para que a imundice e a difusão de doenças contagiosas se tornassem realidade. Esfomeados, torturados e radicalmente desumanizados, os prisioneiros judeus se tornaram aquilo que os nazistas tinham planejado para eles, sendo consequentemente assassinados.

Em sua busca por uma verdade que não coincidia com a experiência do mundo, os fascistas decidiram transformar a metáfora em realidade. Nada havia de verdadeiro em relação às falsidades ideológicas fascistas, mas seus adeptos, ainda assim, queriam tornar essas mentiras bastante verdadeiras. Eles concebiam que o que viam e não apreciavam era uma *inverdade*. Mussolini argumentava que a tarefa essencial do fascismo era refutar as mentiras do sistema democrático.

Ele também opunha a verdade do fascismo à "mentira" da democracia. O princípio da encarnação era central para a oposição mítica do Duce entre "mentiras" democráticas e "verdades" fascistas. Mussolini acreditava numa forma de verdade que transcenderia o senso comum democrático porque ela seria transcendental: "Num certo momento de minha vida, eu corri o risco de me tornar impopular junto às massas ao anunciar-lhes o que eu julgava ser a nova verdade, uma santa verdade [*la verità santa*]".[7]

Para Mussolini, a realidade devia obedecer a imperativos míticos. Pouco importava se as pessoas não se convencessem de início; essa descrença também precisava ser desafiada. A estrutura mítica do fascismo estava enraizada no mito fascista da nação. Esse mito, ele declarou, "desejamos traduzir numa completa realidade". O mito podia mudar a realidade; a realidade, contudo, não podia representar um obstáculo para o mito. A verdade sagrada do fascismo era igualmente definida pela imposição de limites peculiares entre verdades fascistas e a falsa natureza do inimigo. Por outro lado, havia as mentiras do inimigo. Em toda a Europa, as pessoas estavam encantadas com "a obsessão do Mito Russo" – o Bolchevismo –, mas Mussolini considerava que esses mitos rivais eram falsos, na medida em que eles se opunham às formas absolutas da Verdade enraizada no extremo nacionalismo e, é claro, à sua própria liderança, que ele identificara ao mito.[8] A esse mito, disse o Duce, "nós subordinamos todo o resto".[9]

Em seu processo de modernização do mito, os fascistas o transformaram de uma questão de convicção pessoal para uma forma primária de identificação política. Nessa reformulação, a verdadeira política era a projeção de um antigo e violento "eu" interior que superava os artifícios da razão quando aplicado à política. Essa operação lhes permitiu definir como verdade tudo que se conformava às suas próprias metas, postulados e desejos ideológicos.

Essa dimensão mítica do fascismo era antidemocrática. A democracia tem historicamente se apoiado em noções de verdade como o oposto às mentiras, crenças equivocadas e informações errôneas.[10] Por outro lado, os fascistas apresentaram uma noção radical da verdade na ditadura. Como o historiador Robert Paxton explicou, para os fascistas, "a verdade era qualquer coisa que permitisse ao novo homem (e mulher) fascista dominar os outros, e qualquer coisa que fizesse o povo escolhido triunfar. O fascismo não se apoiava na verdade de sua doutrina, mas na união mítica do líder com o destino histórico de seu povo, uma noção relacionada às ideias românticas de florescimento nacional histórico ou ao gênio artístico ou espiritual do indivíduo, embora o fascismo, por sua vez, refutasse a exaltação do romantismo da criatividade pessoal irrestrita".[11]

A unificação metafórica dos fascistas entre povo, nação e líder baseava-se em considerar o mito como a forma extrema da verdade. Mas houve vários precedentes políticos. Esse estranho status das verdades e das mentiras no fascismo é uma dimensão recorrente na longa história do relacionamento entre a verdade e a política. Para a filósofa Hannah Arendt, se a história da política sempre demonstrou uma relação tensa com a verdade, a resolução do fascismo para essa tensão significa a destruição da política. As mentiras organizadas definem o fascismo, e somente os fatos (e as mentiras) prescritos pela liderança podiam ser aceitos como verdadeiros.

A distorção da verdade em nome da promoção de uma realidade alternativa é um fenômeno comum na história do fascismo. O ditador fascista espanhol Francisco Franco negava notoriamente sua participação num dos maiores crimes de guerra: o abominável bombardeio de Guernica, que deixou mais de mil mortos. Embora o bombardeio seja um ato bem documentado do governo fascista, Franco alegou que "os vermelhos" tinham "destruído Guernica", a fim de difundir "propaganda" e mentiras sobre ele.[12] Agindo dessa forma, ele cooptava a própria noção da verdade, afirmando que as mentiras não eram suas, mas sim dos seus inimigos políticos.

Do mesmo modo, os nazistas não faziam distinção entre fatos observáveis e "verdades" impulsionadas ideologicamente. O resultado mais radical da ditadura totalitária surgiu quando "líderes de massas aproveitaram o poder para adaptar a realidade às suas mentiras".[13] Alguns anos mais tarde, em seu controverso estudo sobre Adolf Eichmann, Arendt desenvolveu uma importante investigação sobre o raciocínio de um arquiteto do Holocausto, que resumiu esse fenômeno de "extremo desdém pelo fato enquanto tal". Arendt equiparou o afiançamento de Eichmann às mentiras com uma sociedade inteira "protegida contra a realidade e a factualidade exatamente pelos mesmos meios, os mesmos autoenganos, mentiras e estupidez que haviam agora se tornado enraizados na mentalidade de Eichmann".[14]

Arendt não percebeu uma dimensão importante do julgamento de Eichmann: a perspectiva da verdade apresentada pelas vítimas.[15] Falta igualmente, no retrato de Eichmann feito por Arendt, a profunda dedicação ideológica do homem, seu fanatismo mesmo. À beira da morte, Eichmann afirmou cerimoniosamente: "Vida longa à Alemanha, vida longa à Argentina, vida longa à Áustria. Nunca me esquecerei delas".[16] Arendt classifica esse momento como de uma "grotesca estupidez", uma exaltação de como Eichmann pressentia a relevância de sua própria morte. Mas, para Arendt, essa tomada de consciência sugeria uma representação trivial do momento, não sua interpretação ideológica. Ela identificou as últimas palavras de Eichmann com "clichês" e a banalidade do mal. Outros historiadores têm preferido enfatizar como a escolha dessas últimas palavras, e, em geral, seu passado e seus crimes nazistas, foram resultado do profundo comprometimento de Eichmann com o que ele considerava como verdade ideológica essencial do nazismo.[17] Eichmann via sua vida e sua morte como uma memória que foi além de seu itinerário transatlântico de múltiplas cidades, de Berlim a Buenos Aires e de Buenos Aires a Jerusalém.

Muitos anos antes de Eichmann enfrentar a justiça em Jerusalém, o escritor argentino Jorge Luis Borges imaginou a morte de um nazista semelhante, num conto publicado em Buenos Aires, em 1946. Após a derrota do nazismo, o assassino ficcional de Borges, Otto Dietrich zur Linden, reflete sobre o significado do fascismo, o passado e o atual. Zur Linden vivera o sublime momento da guerra, mas, para ele, na derrota é que a verdade definitiva seria plenamente revelada: "Nos grandes dias e noites de uma guerra feliz. No próprio ar que respirávamos havia um sentimento não dessemelhante do amor. Embora o mar estivesse repentinamente próximo, havia fascínio e exaltação no sangue".

Mas a verdade não foi encontrada nesse júbilo. Não foi no sublime momento de vitória, mas ao sabor do "excremento" da derrota, que nazistas como ele encontraram a verdade que transcendia as explicações factuais.

> Pensei que eu estava esvaziando a taça de ódio, mas nos excrementos encontrei um inesperado sabor, o misterioso e quase terrível sabor da felicidade. Tentei diversas explicações, mas nenhuma pareceu adequada. Eu pensei: Estou contente com a derrota, pois secretamente sei que sou culpado, e somente o castigo pode me redimir. Eu pensei: estou contente com a derrota por que ela é um fim e estou muito cansado... Eu pensei: estou contente com a derrota porque ela aconteceu, porque ela está irrevogavelmente associada a todos aqueles eventos que são, que foram, e que serão, porque censurar ou deplorar uma única ocorrência real é uma blasfêmia para com o universo. Eu me entretive com essas explicações, até que encontrei a verdadeira.

Após descartar os fatos e a experiência vivida, zur Linden associava a verdade à fé nazista. Para zur Linden, subdiretor do campo de concentração de Tarnowitz, a verdadeira "explicação" do fascismo se baseava na afirmação da devoção à violência. Tratava-se de uma fé – dispensando corroboração – que estabeleceria o "paraíso" terrestre: "O mundo estava morrendo por causa do judaísmo, e por causa dessa doença do judaísmo que é a fé de Jesus; nós o ensinamos a violência e a fé na espada".[18]

Como Borges maliciosamente sugeriu na citação que serve de epígrafe a este capítulo, as mentiras devem ser reconhecidas como tais, mas não se pode ignorá-las quando são analisados os atos de violência que elas inspiraram. Ainda que seja claro para nós que, como o narrador nazista imaginário de Borges, Eichmann estivesse se iludindo em Jerusalém, não é assim que os fascistas explicavam e viviam suas ações. O modo fascista de entender seu papel na História em termos míticos exige uma explicação histórica. Arendt foi mordaz ao apontar a função e o papel dessas mentiras no sistema totalitário sem analisar por que os fascistas acreditaram nelas em primeiro lugar. Ela não estava interessada no raciocínio de seus motivos. Arendt argumentou: "O sujeito ideal da ordem totalitária não é o nazista convencido nem o comunista convencido, mas as pessoas para as quais a distinção entre fato e ficção (ou seja, a realidade da experiência) e a distinção entre verdadeiro e falso (ou seja, os padrões do pensamento) não existem mais".[19] Mas, tão importante quanto esse sujeito generalizado "ideal", no presente livro, meu foco é sobre aqueles que estavam convencidos. Em outras palavras, Arendt estava lidando com tipos ideais, ao passo que eu observo as figuras reais, historicamente documentadas, fundamentando empiricamente meus argumentos na história do fascismo. Historiadores do fascismo também precisam compreender como os fascistas justificavam suas mentiras.

Por que os fascistas acreditavam que suas mentiras eram verdades? Como diversos antifascistas notaram na época, a história fascista da ditadura foi baseada em mentiras. O imaginário mítico que os fascistas puseram em evidência como realidade nunca podia ser corroborado porque se baseava em fantasias de dominação total no passado e no presente.

2
VERDADE E MITOLOGIA
NA HISTÓRIA DO FASCISMO

EM 1945, HANNAH ARENDT observou que o fascismo era uma mentira absoluta, uma mentira com efeitos políticos assustadores. Os fascistas deliberadamente transformaram mentiras em realidade. "O essencial foi que eles exploraram a antiga noção preconcebida ocidental que confunde realidade com verdade", ela escreveu, "e transmutaram em 'verdade' algo que, até então, só podia ser considerado como uma mentira".

Para Arendt, a realidade é maleável, mutável, mas a verdade, não, e qualquer argumentação com fascistas era sem sentido. De fato, os fascistas agiram para dar às suas "mentiras" uma "base *post facto* na realidade" – destruindo efetivamente a verdade, não a ocultando. Na opinião de Arendt, essa forma de política ideológica conduz inexoravelmente à obliteração da realidade tal qual a conhecemos. As mentiras fascistas produziram uma realidade alternativa. Mas a interpretação pessoal de Arendt sugeriria que a destruição da verdade foi abastecida por uma crença naquilo que os fascistas entendiam como uma verdade mais transcendental, e não uma simples mentira.[1] Arendt não estava simplesmente insultando os fascistas. Assim como ela, muitos antifascistas contemporâneos queriam entender por que tantas pessoas foram persuadidas de que a ideologia fascista representava uma única verdade. Certamente, alguns fascistas proeminentes eram hipócritas e mentirosos que concebiam a ideologia como uma ferramenta de propaganda. Mas, se assim foi, por que e como seus líderes mais importantes e muitos de seus partidários frequentemente seguiram essas mentiras e propagandas até o fim, a ponto de morrerem pela causa? Quem é capaz de morrer por uma mentira?

O fascismo não foi apenas uma mentira hipócrita, mas uma experiência vivida e acreditada tanto a partir de cima como a partir de baixo. A criação de uma identidade fascista através da internalização de temas fascistas teve vários significados, alguns oficiais e outros que foram instâncias espontâneas da percepção fascista.[2] Houve muitos adeptos. No fascismo, a ficção deslocou a realidade e se *tornou* uma realidade. Para os descrentes, essas fantasias fascistas podiam e podem ser consideradas posições falsas, reivindicações inautênticas na natureza da política. Para os fascistas, é o oposto.

Especialmente no período entre 1922 e 1945, havia um extraordinário consenso entre os fascistas e os antifascistas em relação à natureza não racional da verdade transcendental no fascismo e em relação à pertinência do inconsciente na política. Para os fascistas, o inconsciente – um termo complexo usado por Sigmund Freud, Theodor W.

Adorno e outros para transmitir a dimensão mais irracional do "eu", a parte incapaz de consciência – representava simplesmente o "eu" pré-racional interior que o fascismo tornaria consciente.

Diferentemente de Freud e, em geral, dos psicanalistas, o fascismo desenvolveu uma ideia dessa identidade como uma fonte da verdade, um estado de pré-consciência que o fascismo podia extrair e traduzir em realidade política. Conforme veremos, os fascistas, mas também muitos outros, frequentemente usam essa ideia de identidade para destacar que eles enxergam a si mesmos como os intérpretes principais dos imperativos políticos subconscientes que, às vezes, transcendiam suas próprias nações e cruzavam o globo. No fascismo, a passagem da inconsciência para a consciência representava o momento em que a verdade transcendental era finalmente revelada.

Em termos históricos, o fascismo pode ser definido como uma ideologia global com movimentos e regimes nacionais. O fascismo foi um fenômeno transnacional tanto dentro quanto fora da Europa. Uma formação contrarrevolucionária moderna, ele era ultranacionalista, antiliberal e antimarxista. Resumindo, o fascismo não era uma mera posição reacionária. Seu alvo principal era destruir a democracia a partir de seu interior, de maneira a criar uma ditadura moderna a partir de cima.

Ele foi o produto de uma crise do capitalismo e de uma crise simultânea de representação democrática. Os fascistas transnacionais propunham o Estado totalitário, no qual a pluralidade e a sociedade civil seriam silenciadas, e gradualmente deixaria de haver distinções entre o público e o privado, ou entre o Estado e seus cidadãos. Em regimes fascistas, a imprensa independente era fechada, e o Estado de direito, inteiramente destruído.

O fascismo defendia a forma divina, messiânica e carismática de liderança que concebia o líder como organicamente ligado ao povo e à nação. Ele considerava a soberania popular totalmente conferida ao ditador, que agia em nome da comunidade de indivíduos e sabia melhor do que eles o que eles realmente queriam. Os fascistas substituíram a história e as noções com bases empíricas da verdade pelo mito político. Eles tinham uma concepção extrema do inimigo, considerando-o como uma ameaça existencial à nação e a seu povo, que deveria, de início, ser perseguido e, então, deportado e eliminado. O fascismo visava criar uma nova ordem mundial histórica através do incremento contínuo de uma política extrema de violência e guerra. Enquanto ideologia global, o fascismo se reformulou constantemente em diferentes contextos nacionais e se submeteu a constantes permutações nacionais.

O fascismo foi oficialmente fundado na Itália em 1919, mas a política que ele representava surgiu simultaneamente em todo o mundo. Do Japão ao Brasil e à Alemanha, e da Argentina até a Índia e a França, a revolução racista, violenta e antidemocrática da direita que o fascismo representava foi adotada em outros países com nomes diferentes: nazismo na Alemanha, nacionalismo na Argentina, integralismo no Brasil, e assim por diante. O fascismo foi transnacional antes mesmo de Mussolini usar a palavra *fascismo*, mas quando ele se tornou um regime na Itália em 1922, a palavra recebeu atenção mundial e adquiriu diferentes significados em contextos locais. Isso não quer dizer que as influências dos italianos (ou dos franceses ou, mais tarde, dos alemães) não tenham sido importantes para os fascistas transnacionais.

Os fascistas reuniram diversas estratégias de curto prazo com uma preconcepção básica e duradoura do mundo. A síntese fascista se baseava nessa impossível transição de política da vida cotidiana para o dogma. Seus intérpretes em todo o mundo tiveram que articular um relacionamento frequentemente tenso entre a prática (estratégia) e o ideal (teoria) fascistas. Ideias sobre o divino, a raça, o povo, o império e o passado mítico eram constantemente adaptadas às particularidades de realidades bem diferentes, do sudeste e leste asiáticos, Europa, Oriente Médio e América Latina. Na Índia e no Oriente Médio, essas ideias serviram ao propósito de repensar uma variante autoritária do pós-colonialismo, ao passo que no Japão foram usadas para repensar a modernidade do império. Na América Latina republicana pós-colonial, o fascismo se apresentou com frequência como uma continuidade do império espanhol pré-republicano, mas também como o principal caminho para fazer avançar uma forma autoritária de anti-imperialismo. Acima de tudo, o fascismo desenvolveu uma forma radical de subjetividade política. O sentido interno do fascismo representava a matriz fascista, sua sagrada dimensão fundadora, e essa concepção de uma intuição inconsciente, pré-racional, expressava a suposta pureza do ideal fascista, o *"feeling* fascista" que manteve os universos fascistas das pessoas e das ideias específicas estreitamente unidos.

O fascismo foi formulado com base numa ideia moderna de soberania popular, mas uma na qual a representação política havia sido eliminada e o poder era delegado inteiramente ao ditador, que agia em nome do povo. Ideias míticas legitimaram essa ordem das coisas e foram consideradas verdades transcendentais.[3]

A equação fascista de poder, mito e verdade não era totalmente nova. Para antifascistas críticos, o fascismo seguia e transformava uma antiga tradição de insensatez. Observadores perspicazes entre eles notaram que importantes tradições românticas funcionavam como pano de fundo para essa noção da verdade, uma "realidade" que emergia dentro e fora do "eu". Notavelmente, durante os anos entre as duas guerras, o escritor argentino Jorge Luis Borges chamava a atenção para a obra do escocês Thomas Carlyle – historiador satírico e inimigo do progressismo – como o intelectual precursor do fascismo. Para Borges, Carlyle era um "sonhador de pesadelos". Ele propôs uma "teoria política" que seus contemporâneos não compreenderam, "mas que agora se encaixa numa única e conhecida palavra: nazismo". Essa genealogia do fascismo sugeria um mundo em que "heróis eram semideuses intratáveis que, com franqueza militar e palavras sujas, governavam uma subalterna humanidade".[4]

Se Borges enfatizou as peculiares contribuições de escritores e filósofos europeus, por outro lado, ele foi negligente ao não mencionar as genealogias intelectuais convergentes do fascismo em seu próprio contexto latino-americano. Nos ensaios críticos sobre o liberalismo compostos por José Enrique Rodó – o autor uruguaio de *Ariel*, que lançou a forma eminente do romantismo latino-americano – e nas primeiras obras de Leopoldo Lugones – o mais famoso escritor argentino à época –, encontramos a noção da verdade que emergiu do "eu" e foi impregnada com um sentido pleno de beleza e ordem.

Uma tradição romântica latino-americana anterior havia enfatizado uma conexão entre o liberalismo e a construção de um "eu" autônomo aberto à dissidência, questionando as contradições do mundo exterior. Rodó e Lugones associavam essas contradições às modernas democracias liberais. Antigos pensadores antidemocráticos e anti-individualistas, desde o positivista Auguste Comte ao reacionário anti-iluminista Joseph de Maistre, inventaram a ideia da necessidade de uma verdade absoluta na política.[5] Rodó e Lugones seguiram o exemplo.

A rejeição da democracia existente estava no centro do apelo desses escritores por um retorno à Grécia clássica. Para Rodó e o precoce Lugones (em suas fases socialista e liberal-conservadora, que precederam sua virada fascista nos anos 1920), a definição da genealogia intelectual básica do continente, o legado clássico, permitia às nações latino-americanas contornar a Europa moderna e os Estados Unidos. Sendo um fascista no período entreguerras, Lugones retornaria a essas opiniões sobre a Argentina e a América Latina. Ele via seu país e seu continente como emanações dos mitos clássicos que levantavam a questão dos princípios básicos da razão e da modernidade. Para ele, o retorno do mito prefigurava o que chamaria de a "criação verdadeira" da ditadura.[6]

Enquanto fascistas como Lugones criavam um passado mítico para suas propostas modernas para a ditadura fascista, Borges partilhava com vários outros antifascistas transatlânticos um entendimento histórico mais crítico das origens do fascismo na ideologia anti-iluminista. Em 1934, Max Horkheimer argumentou que "a tendência a subordinar a verdade ao poder não surgiu primeiramente com o fascismo". O irracionalismo "permeia toda a história da era moderna e limita seu conceito de razão".[7] De modo semelhante, escrevendo ao final da Segunda Guerra Mundial, Ernst Cassirer salientou que a ideia de que "a verdade se encontra no poder" datava de Hegel e apresentava "o mais claro e mais cruel programa de fascismo".[8] Para esses autores antifascistas, o fascismo era o sintoma de uma tradição mítica irracional (Horkheimer) e sua novidade era uma "técnica" que produzia efeitos terríveis e afetava o curso da natureza (Cassirer). Arendt, como fizera Borges antes dela, enfatizou que as ideias fascistas de poder levavam a novas formas de desumanização conceitual e prática. Isso se tornou possível porque o fascismo se posicionou contra a igualdade de interpretação, rejeitando a ideia de uma razão compartilhada universalmente como o único critério para exprimir a verdade. O fascismo estabeleceu uma variedade de linhagens míticas que eram, para ele, a fonte máxima daquilo que era politicamente verdadeiro, borrando a divisão entre a verdade e o falso na política. O fascismo produziu uma "verdade" que era nacionalista e, ao mesmo tempo, absoluta. Desprovida de conotações plurais, essa verdade excluía qualquer forma de desacordo e se tornava o resultado exclusivo das relações de poderes hierárquicos.

Questionando as definições racionais da verdade, os fascistas insistiam sobre o significado oculto da verdade, pois ela era um segredo revelado no interior do poder e através dele. No fascismo, o poder adquiriu um status inteiramente transcendental. Tudo o que era poderoso, violento e contundente era verdadeiro e legítimo porque era a expressão das tendências trans-históricas e míticas relacionadas ao povo e à nação. Como um mito vivo que abrangesse ambos, o líder representava a efetivação dessas tendências no poder. O poder derivado da afirmação do mito através da violência, da destruição e da conquista.

Consequentemente, a política fascista era mitologia. No fascismo, a forma máxima da verdade não exigia corroboração com evidência empírica: antes, ela emanava de uma afirmação intuitiva de noções que eram supostamente expressões dos mitos trans-históricos. O líder incorporava tais mitos. A dissociação entre análise política e realidade foi um desenvolvimento crucial, resultado da busca do fascismo por uma forma máxima da autenticidade política que poderia transcender a razão. Nesse sentido, os fascistas não estavam apenas mentindo, mas se autoiludindo. Eles caíram, como sugeriu Adorno em 1951, no "feitiço" fascista da "inverdade". Ele argumentou: "O perigo contínuo de guerra inerente ao fascismo significa destruição, e as massas estão pelo menos pré-conscientemente a par disso. Assim, o fascismo não diz totalmente uma inverdade quando se refere a seus próprios poderes irracionais, não importa quão falseada possa ser a mitologia que racionaliza ideologicamente o irracional".[9]

De forma semelhante, para Arendt, a ideologia totalitária lança mão de alguns elementos da realidade, mas isso a conduz a uma cegueira empírica. Historicamente, essa operação ideológica leva a uma confluência de realidade e fantasia. A crença em mentiras era parte da educação dos seguidores do totalitarismo, e especialmente das elites, que transformaram "mentiras ideológicas" em "verdades sagradas e intocáveis".[10]

Mas os fascistas acreditavam em suas mentiras só porque elas eram expressas pelos líderes? Ou será que eles as viam como formas mais verdadeiras da verdade que emergiam do "eu" interior? Para o fascista, tais possibilidades não eram contraditórias. Essa é a natureza ideológica da noção fascista da verdade. O fascismo identifica a verdade com um mito transcendental, enraizado no inconsciente coletivo e depois efetivado por e através da consciência do líder. Essa crença na externalização, na "revelação" do inconsciente era fundamental para os fascistas. No fascismo, os desejos coletivos foram elaborados para estar presentes no corpo e no discurso do líder. Esperava-se que o líder tornasse consciente aquilo que se supunha genuinamente inconsciente e, portanto, autêntico e genuíno.

3

FASCISMO ENCARNADO

JÁ VIMOS QUE O FASCISMO PROPÔS a noção da verdade que transcendia a razão e era encarnada no mito do líder, e que o mito era literalmente incorporado na pessoa do líder. Para os fascistas, a encarnação era o oposto da representação, e, de acordo com a sua ideologia, a linguagem não podia representar a realidade do sentimento interior, na medida em que concepções genéricas implicavam um processo racional de tradução. Somente imagens ou ações – não pensamentos autorreflexivos ou as palavras que eles expressam –, podiam exemplificar e pôr esses sentimentos em prática. Esta era a essência da autenticidade do fascismo na política. Eles se opunham, acima de tudo, à razão e se acreditavam firmemente arraigados na dimensão mítica. As origens do fascismo não podem ser entendidas através do "frio cálculo da razão". O fascismo era "não teórico e não lógico", uma "reação instintiva".[1] O fascismo era uma fantasia recorrente que, modificando a realidade, tornou-se realidade. Nesse sentido específico, tratou-se de uma revolução intelectual. A revolução fascista se tornou essa tentativa de realizar, objetivar as forças instintivas do desejo na esfera política. No nível epistemológico, essa tentativa envolveu o fascismo numa negação constante para reconhecer os princípios humanistas da percepção.

O fascismo enfatizou o poder da intuição sobre a autorreflexão e via a si mesmo como uma ideologia transnacional que se opunha à suposta barbárie do liberalismo. Nesse ponto, a noção de transformação civilizacional em escala global era central. Em contraste com a influente noção de Benedetto Croce do fascismo como um "parênteses nacional" que nada tinha a ver com a cultura nacional, os fascistas definiam suas tradições nacionais como emanentes de uma identidade nacional específica enraizada nas almas dos indivíduos.[2] Nesse contexto, só o fascismo representava a verdadeira natureza intuitiva do nacionalismo; o liberalismo, por outro lado, era uma forma artificial de conceber a nação.

Essa ideia foi exemplificada no interior e através da sagrada encarnação do líder e da nação no corpo do líder. Como argumenta o historiador Dominick LaCapra, essa noção possui um profundo contexto religioso na "ideia [teológica] de plena encarnação da divindade no mundo".[3] Mesmo na morte, o líder vivia nos corpos de outros, já que ele tinha encarnado o sagrado no mundo. Suas palavras permaneciam sendo a verdade. Como o líder fascista romeno Horia Sima declarou em 1940, em referência ao assassinato do líder romeno capitão Corneliu Codreanu, o "pensamento e a vontade do maior dos líderes de nossa linhagem" iam ajudá-los a realizar um novo homem, uma elite autêntica, "e um país como o sol sagrado do paraíso". Sua palavra foi "a lanterna do amor ilimitado do Capitão por nós. É uma lei para os séculos da estirpe romena. Sua saudação continua imutável, porque queremos crescer em Seu espírito. Enquanto o céu romeno não escurecer sobre nossos espíritos, o Capitão não pode morrer. Nós o temos entre nós, ele vive entre nós".[4]

O reconhecimento do líder como uma figura transcendental espelhava a elevação da obediência a uma comunidade nacional de vontades unificadas.[5] Idealmente, o líder exprimia essa vontade coletiva, e o engajamento num "ritual" organizava a vida do indivíduo de um modo orgânico. A submissão pessoal ao "mito", à hierarquia do movimento, ao partido e ao Estado significava o reconhecimento do papel do indivíduo na cadeia de elos que conduziria à criação de uma nova realidade, e esta realidade então adaptava o mundo aos imperativos ideológicos do mito. Como observou o intelectual fascista Camillo Pellizzi, havia uma dimensão quase inconsciente na tentativa fascista de criar um novo mundo.[6]

Como a realidade, o próprio passado precisava ser mudado para se adequar aos imperativos ideológicos. Ele precisava ser reescrito na lógica de uma verdade absoluta. Como exprimiu o fascista mexicano José Vasconcelos, sobre a política da história dos fascistas argentinos: "Na Argentina, um movimento espanhol e católico está se desenvolvendo [...] Agora, eles estão escrevendo a História da Argentina ao avesso, isto é, segundo a verdade, retificando todas as mentiras do liberalismo".[7] A visão fascista da

História frequentemente considerou o histórico como um terreno de discórdia, um adversário maleável a ser derrotado e, então, corrigido.[8] Inimigos e eventos não eram sujeitos verdadeiros, visto que eles não incorporavam a potência nacional autêntica, que supostamente emergia do inconsciente fascista e era incorporada no líder.

Num nível superficial, o fascismo pertenceu à História. Como alegava o escritor fascista Volt, enquanto "fato histórico", o fascismo não difere de outras formações políticas. Foi um evento histórico dentro da cadeia de fatos, leis e instituições. Enquanto fato, o fascismo pertenceu à cronologia política. Num nível mais profundo, contudo, ou seja, enquanto uma ideia, o fascismo foi anti-histórico. Se a História era uma narrativa, o fascismo era um princípio; a tarefa dos fascistas era empregar esse princípio na narrativa histórica. "Como princípio, a verdade fascista é imutável, eterna", escreveu Volt.[9] Essa verdade imutável existiu como uma forma de reconhecimento interior: "Para o fascismo... o absoluto existe..., é o que justifica sua existência, o que santifica suas ações".[10]

A verdade só podia ser uma expressão autêntica da ideologia, e especialmente das ideias dos líderes. A noção de uma verdade mítica encarnada no líder certamente não foi europeia, mas uma marca do fascismo transnacional. No Peru, os fascistas declararam, em 1934, que seu "Supremo Líder do Partido", Luis Flores, "empunhou os desejos e as aspirações sociais e econômicas justas da maioria dos cidadãos. Esses anseios são encarnados no verdadeiro espírito nacionalista dos trabalhadores peruanos... e são os elevados princípios do mais autêntico nacionalismo".[11]

A autenticidade não era o resultado da demonstração, mas da afirmação de uma essência sagrada.

Na Índia, o fascista hindu-muçulmano Khan al-Mashriqi apresentou uma forma superior da verdade que somente sua liderança podia revelar: "O Corão que só pode, quando muito, fazer sentido nas mentes que conseguirem ver cada nó e cada vértice desse magnífico cosmos, que adquirirem substancial conhecimento dos mistérios do Livro da Natureza, que forem elevadas pelas alturas majestosas do conhecimento e grandes perspectivas da realidade máxima aos mais altos horizontes dos céus e das estrelas; que, sem se perturbar com as tecnicidades da lógica humilde, estejam perseguindo a finalidade da verdade absoluta".[12]

A encarnação era o meio de adquirir a verdade suprema. Assim, o líder e seus seguidores deviam incorporar as figuras históricas e míticas. Enquanto os fascistas japoneses queriam imaginar a "restauração" imperial do passado, que combinava temas de ressonância populista, e seduzir com a ideia de um *kokutai* (Estado nacional), os fascistas egípcios se associaram às tradições do Egito Faraônico.[13]

No Japão, o imperador representava uma figura patriarcal, e os fascistas queriam erradicar as instituições parlamentares que obstruíam conexões mais diretas entre o soberano e o povo. A incorporação totalitária desse elo mítico entre passado e presente estava organicamente enraizada na verdade. O povo e o Estado foram amalgamados na instituição imperial que, segundo o mito, havia se mantido íntegra durante milênios. Conforme argumentava um fascista japonês: "No caso do Japão e dos japoneses, o totalitarismo é, pela primeira vez, não uma conversa inconsequente, mas uma encarnação da realidade".[14]

No Egito, o líder fascista dos Camisas Verdes, Ahmad Husayn, afirmou, em 1935: "A natureza nos ensina que não pode haver acordo entre o governante e o governado, nem entre o forte e o fraco. Um pacto só pode ser alcançado por meio de luta e conflito. O conquistador é valioso porque ele continua a existir; o conquistado é fraco e, portanto, exterminado".[15] No líder encarnado, os fascistas viam uma verdade que transcendia os fatos, mas eles (ou ele) também manipulavam os fatos para criar uma verdade superior. Essa era a verdade ideológica na forma de uma revelação. Se o líder encarnava o que era eternamente verdade, os fascistas concluíam que seus críticos eram mentirosos. Eles os consideravam inimigos da verdade.

4

INIMIGOS DA VERDADE?

HITLER ESCREVEU AS CÉLEBRES LINHAS: "A partir de hoje, acredito que estou agindo de acordo com a vontade do Poderoso Criador: *defendendo-me contra o judeu, estou lutando pela obra de Deus*".[1] Essa ideia nazista de ação como consequência prática das vontades de Deus resultou na invenção, perseguição e eliminação de inimigos que Hitler associava à inverdade. Da mesma maneira, na Argentina, intelectuais do fascismo clerical associavam as mentiras do antissemitismo às verdades eternas do sagrado. E eles também acreditavam e promoviam a falsa noção de uma raça judaica. Como Hitler, eles consideravam a veracidade dessas mentiras como emanações das verdades cristãs.

    Hitler se tornou um Deus vivo para os nazistas, envolvendo-se numa rota de colisão com as igrejas cristãs. Na América Latina, o líder quase nunca substituía Deus. Aqui, a relação entre a religião oficial e a verdade sagrada do fascismo era muito mais harmoniosa. Para os fascistas, confirmar o catolicismo como uma verdade transcendental se conectava com a afirmação de mentiras do antissemitismo. Eles viam nos judeus uma confirmação óbvia de batalhas que transcendiam a história humana.

José Vasconcelos talvez tenha sido o intelectual mais importante da Revolução Mexicana. Vasconcelos opôs os "planos ocultos" do judaísmo à "luz da verdade".[2] É célebre sua proposta de uma "raça cósmica", que integraria sua ancestralidade europeia e indígena. Vasconcelos finalmente se tornou reitor da Universidad Nacional Autónoma de México (UNAM) e, depois, secretário de Educação. Após ser derrotado nas eleições presidenciais de 1929, ele se exilou. Nesse período, e especialmente durante seus anos na Argentina, ele aderiu à direita e denunciou a adoção do legado nativo como uma escolha suicida para os latino-americanos. Somente os legados hispânico, mediterrâneo e católico podiam definir a essência da América Latina. Em 1933, na Argentina, ele declarou que "a Revolução Mexicana é uma autêntica porcaria (*cochinada*)". Ao final dos anos 1930, ele tinha aderido ao fascismo, o que no contexto mexicano também significava um repúdio das dimensões mais seculares da revolução.[3]

Como seus pares argentinos, Vasconcelos se tornou membro idiossincrático do fascismo clerical. Ele acreditava que os judeus queriam usar mentiras para destruir a civilização cristã. A razão e a História não trariam a resposta, e a verdade seria encontrada em outro lugar. Num artigo publicado na revista fascista de Vasconcelos, *Timón*, o fascista mexicano Fernando de Euzcadi afirmou: "Nós nos deixamos enganar por aquele malabarismo das razões e escorregamos no perigoso plano inclinado da História, procurando nela uma justificativa para o que é apenas uma consequência de nossa covardia e uma renúncia a nossos mais valorosos sentimentos". Os sentimentos podiam revelar a conspiração dos judeus, que eram "os verdadeiros ditadores de nossas vidas e bloqueavam nossas consciências". Segundo Euzcadi, todas as atividades judaicas eram mentirosas, marcadas pela "pirueta da farsa".[4]

Como os fascistas mexicanos, Hitler acreditava em sua própria propaganda e projetava suas próprias ações (isto é, espalhar mentiras) sobre os judeus. Ele descrevia os judeus como os melhores propagandistas. O "judeu" era o "mestre supremo das mentiras".[5] De modo semelhante, os fascistas argentinos evocavam Deus para justificar suas fantasias e paranoias antissemitas. Isso os levou a difundir mentiras sobre a vida judaica na Argentina e no mundo. Enquanto o frade Virgilio Filippo falsamente propunha que os judeus visavam modelar a Argentina segundo eles mesmos, o frade Julio Meinvielle, de maneira espúria, lhes atribuía intenções de conquista e afirmava que a batalha argentina contra os judeus estava relacionada à luta trans-histórica dos "povos bíblicos" pela "conquista do mundo". Meinvielle falava sobre os aspectos perigosos da "mistura entre judeus e cristãos", ao passo que Filippo advertia diretamente sobre a necessidade de limitar a influência de uma "raça" invasora continuamente preocupada com sua pureza racial.

Contrariamente a Hitler, os fascistas argentinos acreditavam que o líder supremo de seu movimento era Jesus Cristo.[6] Mas, como Hitler, Filippo e os outros projetavam seu próprio preconceito racial sobre suas vítimas e alegavam que os judeus estavam nitidamente preocupados com sua própria "profilaxia racial". Essa linha de raciocínio minimizava as objeções tradicionais de antissemitismo religioso e sugeria uma verdade racial superior: "Não é verdade que os judeus constituem em primeiro lugar uma comunidade religiosa. Eles são uma raça".[7] Em conformidade com a crença comum nessa época, Filippo supunha que determinados traços psicológicos específicos tornavam os corpos dos judeus visíveis e reconhecíveis. Seu estereótipo judeu coincidia com diversos outros estereótipos europeus.[8] Para os antissemitas e fascistas em todo o mundo, o antissemitismo agia como um código cultural, um repertório de fantasias racistas partilhado além das fronteiras e adaptado a diferentes nações. Os fascistas utilizavam esse catálogo de mentiras e preconceitos para ler entre as linhas daquilo que parecia difícil entender, e reduziam a complexidade do mundo aderindo ao que eles acreditavam se tratar de uma verdade superior. Conforme o historiador Simon Levis Sullan explicou, os fascistas recorriam a "um arquivo antijudeu" de embustes e ficções. Eles reduziam a complexidade do mundo a uma única explicação racista que definia estritamente o "eu" e o outro num só gesto, mas que podia ser constantemente reformulado em diferentes contextos.[9]

Na Argentina, uma questão específica separava a imaginação antissemita de Filippo e os estereótipos europeus que o influenciaram: seu estereótipo estava associado a uma história particular imaginada dos judeus na Argentina. Junto a outros grupos fascistas, tais como a Ação Antijudaica Argentina (Acción Antijudía Argentina), ele apresentava uma narrativa dúbia das invasões judaicas, uma falsa genealogia de "infiltração" judaica datando dos tempos coloniais.[10] Ainda assim, Filippo ligava a genealogia do antissemitismo argentino não à era colonial, mas a Domingo Faustino Sarmiento. Visto que Sarmiento era, e ainda é, considerado o pai do liberalismo argentino e um arquiteto importante do Estado moderno, tal conexão, feita por um antiliberal como Filippo, parece desconcertante. Filippo sequestrou o legado de Sarmiento para dar um verniz de legitimidade a seu antissemitismo. Sarmiento não era nem um pouco um antissemita violento, mas isso pouco importava para Filippo, que distorceu o pensamento do famoso presidente do século XIX para explorar sua popularidade.[11]

Os fascistas não tinham receio em inventar novos papéis para velhos e novos amigos a fim de ajudá-los a transformar mentiras em verdades superiores.[12] As mentiras racistas tinham motivações e objetivos precisos: discriminação, exclusão e, finalmente, eliminação. As mentiras antissemitas tiveram as claras consequências que todos podiam antever.[13] Particularmente, embora as explicações dos fascistas para suas ações se baseassem em mentiras, eles não mentiam sobre suas promessas de extermínio. Era isso o que pretendiam. Como alegavam os fascistas argentinos, os judeus eram os inimigos do povo. O destino deles devia ser a eliminação total: "Que grande homenagem seria para nossa Pátria a eliminação desses *squids*!".[14]

Conforme explicou Adorno em 1945, essa dimensão extrema do fascismo levou a tortura, perseguição e extermínio; mesmo assim, quase ninguém fora do círculo fascista levou a sério essas palavras. Praticamente ninguém considerou os verdadeiros efeitos das mentiras e promessas fascistas de destruição. "A implausibilidade de suas ações", escreveu Adorno, "tornou simples o descrédito daquilo em que ninguém, pelo bem da preciosa paz, queria acreditar, enquanto, ao mesmo tempo, se rendia a elas". Os efeitos políticos das mentiras fascistas foram fundamentados pelos pendores inconscientes que tornaram o inverídico uma realidade. "Todo horror necessariamente se torna, no mundo esclarecido, um conto de fadas assustador", escreveu Adorno. "Pois a falsidade da verdade possui um núcleo que encontra respostas ávidas no inconsciente. Não é apenas que o inconsciente deseje que o horror se produza; o próprio fascismo é menos 'ideológico', na medida em que ele proclama abertamente o princípio de domínio que é, em qualquer outra parte, ocultado."[15]

O racismo e o antissemitismo fascistas foram as consequências da busca ininterrupta por um inimigo que desafiasse as verdades eternas. Como eles fingiam que essas verdades emanavam do "eu", os fascistas precisaram criar inimigos e defini-los como as representações vivas da inverdade. Esses inimigos constituíam as contra-encarnações que ajudavam a elevar o líder à posição de dono da verdade.

Os judeus pertenciam a uma longa lista de inimigos do fascismo. Se na Alemanha os fascistas eram obcecados com os judeus como sendo seus principais inimigos, nos Andes, os Camisas Pretas peruanos apontavam sua animosidade contra os asiáticos, especialmente os japoneses, imigrantes. Na região que finalmente se tornaria a Índia e o Paquistão, o fascismo adotou conotações hindus ou muçulmanas. Na Argentina, os fascistas desenvolveram o "fascismo cristianizado" como a prova máxima da verdade sagrada de seu movimento. Mussolini e os fascistas argentinos, japoneses, brasileiros, colombianos, peruanos e romenos consideravam seus inimigos definindo suas características. Judeus e outros inimigos eram o que os fascistas não eram, e definiam, em contraste, o que eles de fato eram.

A violência do fascismo, além da crença numa verdade absoluta que a motivou, foi o gatilho fundamental da Solução Final, mas também apareceu em outras histórias de violência genocida. Como o historiador Enzo Traverso argumentou, o Holocausto fez parte de um mundo de ideologias genocidas convergentes. "A violência bruta das unidades especiais da SS (Einsatzgruppen) não era uma característica particular do nacional-socialismo. Antes, tratou-se de uma indicação do quanto o nacional-socialismo tinha em comum com várias outras ideologias letais do tenebroso século XX."[16]

O nazismo não foi uma exceção, mas o resultado mais radical do núcleo do fascismo: a superposição de violência, mito e a fantasia de uma verdade eterna. Para Mussolini, a violência e a guerra eram fontes de orientação política e redenção pessoal e coletiva. Nesses eventos, Mussolini via a verdade de seus próprios desejos violentos. Os fascistas espanhóis falavam da "violência sagrada da ação", que estava igualmente enraizada na justiça e no direito. O lema dos Camisas Azuis egípcios era "Obediência e luta" (*al-ta'a wa al-jihad*), e essa ideia também se refletia em seu juramento: "Eu juro pelo Deus Todo Poderoso, pela minha honra e pela pátria que serei um soldado fiel e obediente, lutando em prol do Egito, e que me absterei de tudo que possa perverter meus princípios ou que seja nocivo à minha organização". A meio mundo de distância do Oriente Médio, os Camisas Azuis chineses declaravam que a violência deveria ser direcionada contra os rivais políticos: "É preciso haver uma determinação de derramar sangue – ou seja, é preciso haver uma espécie de violência sem precedentes para eliminar todos os inimigos do povo".

Segundo os fascistas colombianos, os Leopardos, "A violência, iluminada pelo mito de uma bela e heroica pátria, [era única coisa capaz de] criar para nós uma alternativa favorável nas grandes batalhas do futuro". Os fascistas relacionavam a violência e a morte a uma renovação radical do "eu". Para eles, era um meio de revelar a verdadeira vontade dos homens. Por exemplo, os fascistas romenos associavam a natureza sagrada da violência à ideia de morte sacrificatória, a regeneração e a salvação dos guerreiros. Para eles, "como Deus queria", "o germe de uma renovação só pode se desenvolver a partir da morte, do sofrimento". Em consequência disso, os fascistas romenos "amavam a morte". A morte era "o casamento mais precioso de todos os casamentos".[17]

Fascistas de todo o mundo partilhavam a noção da verdade que subsistia no sagrado. Essa verdade, que não necessitava de corroboração empírica e se sobrepunha a uma ideia de justiça divina, tornava a legalidade uma questão irrelevante. Para os fascistas chilenos, a violência não podia ser interrompida por "formalidades jurídicas" e era "lícita" como uma reação preventiva à violência da esquerda.[18] Para os romenos, a crença na fantasia antissemita resultou numa luta que transcendeu quase todas as normas. Após o "reconhecimento de que a dominação judaica está nos levando à morte espiritual e nacional", restavam poucas dúvidas de que a "morte ao traidor" era o único caminho possível.[19] Não havia mecanismos jurídicos capazes de se interporem entre os fascistas e a necessidade de destruir seus inimigos, e essa ideia de justiça sumária se baseava na noção da verdade eterna. A concepção religiosa messiânica do fascismo dependia da criação de um inimigo que, conforme o imaginavam, se colocava contra a verdade e, consequentemente, precisava ser reprimido e, por fim, eliminado.

5

VERDADE E PODER

"MUSSOLINI ESTÁ SEMPRE CERTO."[1] Entre 1922 e 1945, os fascistas italianos repetiram essa impossível liturgia. Acreditavam que Mussolini possuía a verdade.[2] Mas que tipo de verdade? Como podia a verdade abranger o passado e o presente e então se projetar para o futuro? A resposta dos fascistas a essa pergunta deixava explícita a dependência do próprio fascismo num *continuum* que transcendia o histórico e o empírico. Pensadores críticos, como Freud e Borges, sugeriram à época que essa era a principal dimensão mítica do fascismo.[3] Numa obra que, segundo Adorno, "previa" a ascensão e a natureza do fascismo, Freud observou que o mito do herói se encontrava no cerne da psicologia de grupo e do imaginativo deslocamento da realidade que Adorno, mais tarde, aplicaria em suas próprias análises do fascismo. Freud escreveu: "A mentira do mito heroico culmina na deificação do herói".[4]

Em 1933, num ato de profunda densidade irônica, Freud autografou um exemplar de seus livros para Mussolini, chamando-o de herói. O Duce não entendeu a insinuação, assim como muitos dos historiadores contemporâneos. Na verdade, Freud era intensamente crítico da veneração ao herói, pois o via no contexto contemporâneo de políticas de massa. Para ele, os "heróis" modernos serviam e promoviam as necessidades do povo de uma autoridade vertical. Freud estava preocupado com o que considerava como um retorno do pai primal autoritário na forma de mitos políticos modernos. Esses heróis modernos exigiam total submissão a seus desejos agressivos, resultando em completa dominação.[5]

Conforme observou Arendt, o primeiro juramento dos membros do partido nazista incluía a declaração "O Führer está sempre certo". O próprio Hitler dizia que a "infalibilidade" marcava a superioridade de seu movimento.[6] De fato, muitos fascistas acreditavam que a infalibilidade de Mussolini ou de Hitler era verdadeira precisamente porque era mítica. O líder era construído como uma representação da continuidade dos povos e heróis gregos e romanos. Como eles, o ditador representava o pensamento da nação, "seu tempo e espaço". O fascismo inaugurava uma nova era. O líder devia possuir um gênio histórico excepcional.[7]

No fascismo, a crença estava intimamente ligada a um ato de fé no guia. O fascismo apresentava seus líderes como mitos vivos. Enquanto na Alemanha o *Führerprinzip* retratava Hitler como a fonte suprema da verdade e da autoridade, na Argentina, na Espanha e além, os fascistas associavam as políticas de seus líderes a uma verdade mítica transcendental. A verdade do fascismo conectava a realidade do movimento e seus líderes com o passado mítico de heroísmo, violência e subordinação. Na ideologia fascista, os líderes personificavam um elo direto com esse *continuum* histórico, estabelecendo uma frente unitária com o povo e a nação. Por sua vez, o ditador era a fonte definitiva de soberania popular, responsabilidade unicamente dele. Como afirmava Hitler, "Aquele que personifica o mais elevado patamar da Alemanha recebe seu chamado do *Volk* [povo] alemão e é o único responsável por ele!".[8]

Os fascistas eram obcecados com a infalibilidade de seus líderes porque, para eles, a ausência de erros refletia as verdades divinas fundamentais da ideologia mítica que havia encarnado no guia heroico dos homens. O fascista espanhol Ernesto Giménez Caballero fez da personificação mítica um elemento importante em sua "teoria geral do fascismo". Tendo encontrado raízes teóricas na ideia de Thomas Carlyle sobre a História e, mais importante, no "novo Titã" de Nietzsche e nas ideias de Georges Sorel sobre a violência revolucionária, Giménez Caballero afirmava que Mussolini e Hitler eram os líderes que melhor encarnavam o novo conceito de herói na "História atual do mundo". Mussolini não era como os heróis precedentes, e ainda assim muitos heróis tinham algo de Mussolini em si. Ele era como Aquiles, Cesar, Carlos Magno e Carlos V – mas todos estes eram incompletos quando comparados ao Duce. Mesmo "Napoleão era um Mussolini fracassado". Giménez Caballero afirmava que a natureza heroica de Mussolini era "distinta do tipo de heroísmo dos gregos, orientais, cristãos, da Renascença e do Romantismo". Ele incorporava e superava a soma de todos os heróis precedentes como um novo mito vivo: "Hoje, ninguém duvida – ninguém deveria duvidar – que Mussolini encarnou um novo e atual Heroísmo na História".[9]

Diferentemente do liberalismo e do socialismo, que eles consideravam como sendo baseados em raízes não transcendentais, em verdades parciais ou mesmo em mentiras, os fascistas ansiavam por um retorno dos heróis guerreiros míticos. Era isso que esperavam de seus líderes. Como Lugones disse calorosamente ao ditador argentino general José F. Uriburu, "Não dê ouvidos aos intelectuais universitários [*doctores*], meu general. Basta sua consciência de patriota e soldado. O general Uriburu está sempre certo, quando ele pensa como general Uriburu".[10] De modo semelhante, o fascista espanhol general José Millán Astray asseverava que, como soldado, Franco "nunca está errado".[11]

Os líderes personificavam uma fé, uma crença na verdade que devia ser aceita sem discussão. O que estava em jogo era o futuro do mundo. Em 1935, um legionário tinha de aderir aos "dez mandamentos" da legião fascista romena, "de maneira a não se desviar de seu caminho glorioso nesses dias de trevas, de desgraças e de tentações satânicas". O primeiro mandamento tratava da questão central do que *não* deviam acreditar: "Não creia de modo algum na informação, nas notícias sobre o movimento legionário publicadas em quaisquer jornais – ainda que estes pareçam nacionalistas – ou sussurradas por agentes e mesmo por pessoas honestas. O legionário só acredita nas ordens e na palavra de seu líder".[12]

Enquanto, para antifascistas como Arendt, os fascistas simplesmente ignoravam a verdade, para os próprios fascistas a verdade transcendia o mundo sensorial ou empírico. Como personificações ideais da autenticidade nacional, os líderes representavam a verdade autêntica. No entanto, como Jacques Derrida convincentemente declarou em sua conferência na Universidade de Buenos Aires sobre a história conceitual da mentira, Arendt não considerou suficientemente a interação dinâmica entre o inconsciente e o status da verdade no ato de mentiras políticas. Derrida enfatiza a necessidade de se dar maior atenção à lógica do inconsciente e àquilo que ele vê como uma teoria da capacidade performática no ato de mentir. Arendt, enquanto isso, sugeriu, mas não desenvolveu, os aspectos ilusórios da mentira, que Derrida define como as dimensões espectrais do inconsciente.[13] Esse retorno totalitarista ao inconsciente estava enraizado no anseio por uma ausência mítica, um trauma nacional fundador. A verdade estava relacionada à revelação dessa ausência como a atuação dos traumas coletivos imaginados e reais.[14]

O retorno do passado sagrado, tão frequentemente evocado em textos totalitários (o Reich de mil anos, a Roma imperial de Augusto, o Egito faraônico, a China imperial ou o Vice-reino do Rio de la Plata na Argentina), assinalava a tentativa fascista de revogar o processo contínuo de secularização. Em vez de acreditar que estavam, conforme o filósofo alemão Hans Blumemberg o colocaria, reocupando espaços previamente preenchidos pela religião, os fascistas realmente acreditavam estar desempenhando uma verdadeira religião. Na prática, eles concordavam com

Martin Heidegger que o sagrado na verdade se referia ao rastreamento de "os deuses que se foram" e que leva de volta a seu retorno.[15] Era esse o aspecto messiânico do fascismo. Enquanto no nazismo esse rastreamento era realizado na concepção e prática de um antissemitismo redentor, na maior parte dos fascismos ele tendia a ser mais difusamente localizado na violência política, na guerra, no imperialismo e no racismo.[16]

Para entender o papel da verdade no fascismo é importante considerar como e por que a teoria fascista estabeleceu um limite radical entre razão e insensatez, com a violência no centro dessa divisão. Os fascistas consideravam que a emergência da autenticidade interior se tornava um ato político significativo quando envolvia a redenção através da violência, do sacrifício e da morte.

A revolução contra a revolução foi o resultado da autopersuasão, associada ao relacionamento entre a verdade e o poder (incorporado no líder), que conduziria à salvação. O fascista espanhol Ramiro de Maeztu argumentava: "Por muito tempo, tenho estado persuadido de que todo este período de confusão e hesitações acabará gerando um extraordinário movimento contrarrevolucionário. Ele engendrará a salvação da Espanha".[17] Como reivindicavam os fascistas espanhóis no início de sua guerra civil (e após a morte de Maeztu pelas mãos dos antifascistas), "Força, sangue e martírio estão a serviço da Verdade".[18] No mesmo contexto, os fascistas chineses afirmavam que, já que tinham abusado da moralidade, somente o poder podia representar a verdade: "A verdade foi totalmente violada pela força. Consequentemente, a menos que haja força, não pode haver verdade".[19] Aí, como em todos os fascismos, a verdade emergia do "eu" através da submissão do indivíduo à causa. Essa visão totalitarista da verdade não a considerava universal. Seus critérios eram ideológicos. Essa verdade se baseava na fé e estava arraigada na descoberta pelo "eu" do conhecimento eterno oculto no mito.

O nazista Alfred Rosenberg, o teórico mais racista do mito, sustentava que "Hoje, uma nova fé está despertando – os Mitos do sangue, a crença de que defender o sangue é também defender a natureza divina do homem em geral. É uma crença, resplandecente com o mais brilhante conhecimento, de que o sangue nórdico representa esse *Mysterium* que superou e substituiu os sacramentos mais antigos". A revelação desse mistério só poderia ser realizada através de "uma revisão da História" – uma leitura do passado deformada pelas mentiras antissemitas. Mas, para Rosenberg, esse era um caminho que conciliava igualmente o renascimento da consciência e a destruição do Outro: "Tornar-se plenamente consciente" do mito "é criar a base para todo renascimento. Essa é a fundação de uma nova visão do mundo, numa nova (embora antiga) ideia do Estado, dos mitos de uma nova compreensão da vida, que só ela poderá nos dar a força para nos livrarmos do domínio arrogante dos subumanos, e construir uma cultura em conformidade com nosso próprio caráter racial, permeando todas as facetas da existência".[20]

Os fascistas consideravam toda teoria como verdadeira quando ela se anexava ao sagrado, o que em países como Argentina, Itália, Brasil e Espanha eles associavam aos mitos clássicos ou cristãos, ao passo que na Alemanha ela estava centralmente relacionada a uma lenda da raça ariana. O mito do sangue e do solo foi levado ao extremo grotesco pelos "esquadrões da morte da Legião Romena, que bebiam ritualmente o sangue uns dos outros".[21] O racismo esotérico do "Mito do Sangue" de Julius Evola talvez fosse, assim, mais adequado aos casos alemão e romeno do que ao italiano.[22]

A fantasia do mito do sangue se tornou uma forma de legitimação que abrangia terras, moralidade e justiça nacionais. Não foi somente na Alemanha que a justiça era uma parte essencial da representação do líder e da criação da verdade. Mas, na Alemanha, a verdade do líder foi judicialmente construída ao extremo como uma substituição por formas mais racionais da lei. A verdade jurídica foi equiparada à natureza transcendental do líder. Notoriamente, Hitler se representava como o "juiz supremo da Nação".[23] Com certeza, é altamente provável que Carl Schmitt carecesse de sinceridade quando, em 1934, ele afirmou que o Führer era a personificação da "mais autêntica jurisdição". Mas Schmitt, um retardatário do nazismo que tinha uma visão perspicaz e solidária sobre suas conotações míticas, entendia perfeitamente a noção nazista da verdade quando declarou que Hitler "não estava subordinado à justiça", mas que, antes, ele constituía a mais elevada forma de justiça.

Para os nazistas, Hitler era a fonte suprema de justiça precisamente porque, como argumentava Schmitt, a natureza judiciária do Führer emanava da mesma fonte vital que o direito do povo (*Volksrecht*).[24] Na Alemanha nazista, Hitler era o líder, o juiz supremo e, como o ministro da Justiça nazista Hans Frank afirmou, o único legislador. Segundo o pensador antifascista Antonio Gramsci, os nazistas questionavam radicalmente a noção de uma justiça universal abstrata. Gramsci argumentava que sua noção da lei havia se tornado um "artigo de fé" para os aderentes.[25] Para o próprio Frank, a justiça existia somente quando ela obedecia às necessidades do povo (*Volk*) conforme interpretadas por Hitler. A vontade de Hitler, o sentido fascista da verdade em sua liderança sagrada, era formulada como lei pública alemã.

Consequentemente, os nazistas davam status jurídico à concepção revolucionária fascista mais vasta de que o líder determinava a veracidade de suas próprias ações e desejos. Como a plena personificação do povo e da identidade nacional, o ditador fascista era o receptáculo e também o criador do certo. Era a fonte imaginada daquilo que Hans Frank chamava "o imperativo categórico do Terceiro Reich [...] Aja de maneira que o Führer, se vir sua ação, ele a aprovará". Conforme destacou Arendt, Eichmann podia estar ciente desse imperativo, que era análogo à sua "distorção inconsciente" da fórmula kantiana. Arendt sugeriu que Eichmann percebia o que ele mais tarde (em Jerusalém) chamaria "crimes legalizados pelo Estado" como dispondo de uma base legal porque emanavam da vontade de Hitler. Em resumo, para os nazistas, o líder se tornou a lei porque ele representava a verdade ideológica; suas "palavras tinham a força da lei".[26]

Com suas palavras, o líder criava as condições para representar e determinar a verdade. Os fascistas brasileiros entenderam a voz do líder fascista Plínio Salgado por ter criado tanto o movimento Integralista quanto a ideia por trás dele, o novo "evangelho integralista".[27] Salgado representava sua própria liderança sagrada como a continuação dos mitos europeus clássicos, assim como dos modernos da América Latina. Sua "política bolivariana" esperava articular um sentido internacional de "unidade sentimental, cultural e econômica" numa América Latina que avançava numa direção integralista. "Estamos vivendo o século, por excelência, da América do Sul", escreveu Salgado. "O século da 'intuição'. Após um século de experimento, que se tornou tão dogmático quanto todos os pressupostos contra os quais nele se lutou, chegamos ao limiar de uma Idade que, sem abandonar os métodos dedutivos, serve, ao mesmo tempo, aos métodos indutivos."[28]

De modo semelhante, para o fascista Silvio Villegas, dos Leopardos colombianos, Bolívar era o herói e teórico das possibilidades antidemocráticas. Villegas afirmava que o "bolivarismo é o único aspecto imortal" do espírito latino-americano. Para ele, "somente a verdade dá meios de acessar as ideias". Citando Lugones, os Leopardos identificavam a decadência política com a feiura e a igualdade. Como Lugones, os colombianos equiparavam sua própria política com uma noção de beleza que transcendia o tempo, com fundamentos no "legado espiritual" da Grécia Antiga e do Império Romano.[29] Para Salgado, também, a unidade latino-americana representava não uma meta pragmática, mas um desejo de "síntese" que emanava do "eu" interior, e que havia sido antes encarnado por Bolívar. A América Latina era "todo um mundo subconsciente que havia permanecido adormecido sob as exterioridades políticas e literárias com as quais fomos iludidos por mais de um século".[30]

Salgado não foi o único líder a revelar e personificar essas profundas correntes subjacentes latino-americanas. Lugones também propôs "uma confederação verdadeira e natural" dos países sul-americanos, com um papel central para a Argentina. Diferentemente do mito de Atlântida de Salgado e de sua teoria de encarnação bolivariana, Lugones rejeitava toda diferenciação da América Latina em relação à Europa. Para ele, a melhor maneira de ser latino-americano era ser "branco". Antes da ascensão de Uriburu, Lugones também via em Mussolini uma figura mítica que tinha personificado o "retorno a Roma". Ele afirmava que a "hora da espada", o famoso chamado de Lugones para a aurora da ditadura na América Latina, era o momento para as formas primordiais da dominação, para a integração orgânica da verdade e do poder. Depois do golpe de 1930, a voz e a palavra do ditador general Uriburu eram ritualmente concebidas como um programa unitário que representava a promessa de redenção coletiva. Como assinalou Lugones, a persona de Uriburu sintetizava o "povo e o exército". Num tempo em que os inimigos do povo recusavam a consciência nacional, o ditador a personificava e então a revelava à nação. É por isso que, para os fascistas, o líder era o dono da verdade.

6

REVELAÇÕES

OS FASCISTAS ITALIANOS enfatizavam que Mussolini lhes tinha revelado "verdades eternas".[1] Para eles, suas palavras revelavam a realidade da época. Seus seguidores acreditavam que as palavras do Duce lhes permitiam compreender o "espírito do homem" e representavam a realidade a partir do olhar imponente de uma "vontade inflexível".[2] Mas não se tratava apenas de uma questão de perspectiva. Sua voz era absoluta e deveria indicar todas as formas de representação, incluindo as artísticas.[3]

Mussolini foi a fonte de um novo mundo fascista. Ele era "aquele inigualável". As músicas fascistas insistiam na singularidade e na busca de significação transcendental de Mussolini. Imaginavam que sua "Palavra" era fonte de mobilização. Que ele chegava mesmo a iluminar os mortos. A trajetória do "destino" estava em suas mãos. Como a canção fascista "A águia legionária" proclamava, Mussolini personificava "o gênio, a fé, a paixão e a verdade".[4]

Os fascistas italianos confrontavam a "imensa tarefa de criar o corpo analítico da civilização fascista através de comentários sobre o pensamento de Mussolini". Conforme colocou Federico Forni em 1939, o fascismo era ambas: "a criação e a representação do mundo". Assim, a verdade não era somente conservada, mas ativamente construída. Em outras palavras, a verdade era o resultado de uma "revolução em progresso [*revoluzione in atto*]". Se o "conhecimento" a partir do século XVIII até o início do século XX havia sido "científico", o fascismo havia efetivamente mudado o curso da história da percepção política, abandonando a noção de falseabilidade científica porque o "fascismo é imutável e eterno em seus princípios fundamentais". Em oposição à noção científica maleável da verdade, Forni argumentava: "Como um movimento mítico que considera sua realidade não como uma demonstração, mas como uma fé, o fascismo é acientífico. Sendo uma verdade na qual se acredita, ele supera a verdade demonstrada".[5]

De modo similar, Alfred Rosenberg sustenta que "a parte lógica dessa verdade inteira é a manipulação das ferramentas do entendimento e da razão, conforme representada pela crítica da percepção. A parte intuitiva da inteira verdade é revelada na arte, nos contos de fada e mitos religiosos". Para Rosenberg, o que era percebido só podia ser aceito se estivesse "a serviço da verdade orgânica". Na prática, isso significava colocar-se a serviço do mito racial. As percepções podiam efetuar uma transição para uma forma aceitável de verdade, se elas realçassem a "forma e os valores interiores dessa raça-nação" e a cultivassem "mais deliberadamente e a modelassem com mais vitalidade". Em consequência do que ele via como a integração da intuição e da percepção mítica, "o conflito primordial entre conhecer e acreditar, não sendo resolvido, é levado de volta a seu fundamento orgânico, e uma nova observação é possibilitada". Rosenberg afirmava que era "fundamentalmente" perverso que, nas noções destituídas de mitos da verdade, "a busca por uma 'verdade absoluta e eterna' fosse entendida apenas como uma questão de conhecimento, ou seja, uma questão de algo que era, senão tecnicamente, então, aproximativamente, atingível". Isso era errado, ele dizia, porque "a derradeira vontade possível de uma raça já se acha contida em seu primeiro mito religioso. O reconhecimento desse fato é a derradeira e real sabedoria do homem".[6]

Mesmo quando os fascistas acreditavam que mitos e observações empíricas podiam ser organicamente fundidos, eles negavam que a verdade, pela sua natureza sagrada, pudesse ser independentemente derivada de uma observação empírica. A revelação era, em vez disso, um resultado de investigações políticas míticas dentro da alma do *ethnos*. Como via Salgado, o líder fascista brasileiro, a nação estava "trazendo do fundo das energias autóctones o poema misterioso que se revela na unidade da Teogonia selvagem e mesmo na identidade das raízes vocabulares das linguagens também em estado emergente". A América Latina era um "continente solar, que traz em seu seio a linha do Equador, como um estranho colar de luz, e em sua cabeça, o Trópico de Câncer, como um diadema, e no útero, o cinturão luminoso do Trópico de Capricórnio, e no recesso da alma ela guarda, ignorada por si mesma, a veneração dos véus incas sob o sol".[7]

Da mesma forma, para Rosenberg, a submissão racial "instintiva" do povo ao líder representava uma nova era do espírito. Era o "triunfo do espírito sobre a força bruta da matéria". No mundo do fascismo, a trindade de Mussolini, "acreditar, obedecer, lutar", significava a conscientização da justiça. Como o Grande Conselho do Fascismo declarou em 1935 a respeito da guerra imperial fascista contra a Etiópia, nós "aclamamos entusiasticamente o Duce como o conscientizador do direito supremo da nação".[8]

No fascismo, a ideologia do líder definia a verdade. O antifascista Alexandre Koyré interpretou esse fenômeno em 1943: "As filosofias oficiais dos regimes totalitários estigmatizam como absurda a ideia de que exista uma única verdade objetiva válida para todos". Koyré chamava esse fenômeno de um entendimento radical ativista da verdade: "Para eles, o pensamento não é uma luz, mas uma arma; sua função, dizem eles, não é descobrir a realidade como ela é, mas mudá-la e transformá-la com o propósito de nos conduzir àquilo que não é". Para Koyré, mito e afeto substituíram desastrosamente as formas empíricas de verificação: "Sendo este o caso, o mito é melhor do que a ciência, e a retórica que trabalha sobre as *paixões* é preferível à prova, que recorre ao intelecto".[9]

Os fascistas e os antifascistas compartilhavam categorias e mesmo vocabulários, mas diferiam radicalmente sobre seus significados e legitimidade políticos. Desta forma, no outro lado do espectro político, o poeta fascista argentino Leopoldo Lugones argumentava que a "verdade demonstrável" não revelava a verdade suprema. Esta última, ele comparava a heroísmo, nacionalismo e beleza. Se o liberalismo tivesse um sentido fenomenológico da verdade, esta era uma meia verdade. Para Lugones, o fascismo representava uma verdade que se encontrava tanto no interior quanto no exterior da História. Suas raízes estavam no mundo clássico greco-latino, no cristianismo e na conquista da América pelos espanhóis, e ele representava uma rebelião patriótica contra o liberalismo. Mas era também uma tendência trans-histórica sagrada. Na versão de Lugones do fascismo clerical argentino, a verdade era igualmente um aspecto do poder e do divino.[10]

Como Lugones, Maeztu propunha a existência de uma "verdade eterna". Era na busca pelo certo e pela verdade "como essências transcendentais" que a realidade emergia.[11] De modo semelhante, Gustavo Barroso, o mais importante intelectual fascista brasileiro, afirmava que o fascismo brasileiro era a melhor formação política sobre a Terra porque representava o "novo tempo", quando a "unidade" do espírito, da cruz e da nação governaria.[12] Como Lugones e Maeztu, Barroso identificava a ascensão de uma nova era com a primazia estética e política da verdade absoluta.[13] O líder dos fascistas integralistas brasileiros, Salgado, era mais explícito. Tempos históricos eram substituídos por tempos míticos: "Hoje, a América Latina é a grande região do mundo por causa de uma fatalidade que encontra sua explicação na aurora dos tempos". O "desaparecimento de Atlântida" possuía uma nítida relação com o presente latino-americano. Foi o momento épico que marcou "a aurora da civilização que não terá nada em comum com todas as demais".[14] Entender a fatalidade através da introspecção mítica levaria à verdade sobre o passado e o presente.

O fascismo foi a revelação de um novo mundo: "O trabalho do integralismo brasileiro representa hoje a fatalidade desse sentimento, dos instintos da Terra, a revelação das vozes mudas da massa humana do Continente". O Brasil e a América Latina eram a *ultima thule*, uma região miticamente distante e desconhecida no fim do mundo. "Somos o Último Ocidente", reivindicava Salgado. "E porque somos o Último Ocidente, nós somos o Primeiro Oriente. Somos o Novo Mundo. Somos a Quarta Humanidade. Somos a Aurora dos Tempos Futuros. Somos a força da Terra. Somos novamente o que éramos, nas mais remotas das eras, somos aqueles que escreveram a história celestial de sua marcha que começou no portão luminoso de Aires do roteiro zodiacal".[15]

A realidade do presente, a verdadeira forma da "explicação" foi a da revelação. Lugones, Maeztu, Barroso e Salgado não eram os únicos entre os fascistas transatlânticos a representar a verdade como a fusão de uma versão mítica da História, a ideia da política como o veículo para o sagrado, a equação da beleza e de políticas corretas, e a noção de que a justiça estava totalmente subordinada ao poder. No fascismo, a verdade era considerada real porque estava enraizada nas emanações emocionais da alma, imagens e ações que eles identificavam como ideologia política. A ação, a procura da alma e a fé substituíam as considerações pragmáticas.

Como advertiu o fascista romeno Corneliu Codreanu, desenvolver um programa completo e explícito era contra o interesse do movimento fascista. A fé e uma renovação das almas eram mais importantes do que um programa.

Os fascistas romenos "têm uma doutrina", ele escreveu, "eles têm uma religião. Isso é algo de uma ordem superior que une misteriosamente milhares de homens determinados a forjar um outro destino. Enquanto os homens servem a seu programa ou doutrina com algum interesse, os legionários são homens de grande fé e, a todo instante, estão prontos a se sacrificar por esta fé. Eles servem profundamente a esta fé". Codreanu concluía que a fé era melhor do que um programa, porque enquanto ninguém seria capaz de morrer por um programa, os fascistas estavam dispostos a morrer pela sua fé. O fascismo era uma "imensa escola espiritual", e criava a devoção que seria uma "revolução da alma". O principal objetivo político do fascismo romeno era mudar a "alma do indivíduo e a alma do povo". Essa era uma política da verdade que se erguia contra as mentiras do inimigo, ou, como Codreanu o colocou, uma questão de combater a corrupção do "eu" que o inimigo promovia. "Os novos programas e os sistemas sociais exibidos prodigamente diante do povo são uma mentira se uma alma maligna se ocultar em suas sombras." As mentiras não eram declarações empiricamente falsificadas; para Codreanu, em vez disso, elas eram a expressão de uma "falta de consciência em relação ao cumprimento do dever, o mesmo espírito de traição contra tudo o que é romeno".[16]

Fazia-se necessária uma ação contra essas mentiras. Como o líder fascista britânico Sir Oswald Mosley argumentava, a ação fascista era contrária ao diálogo democrático. A ação estava no centro do "verdadeiro patriotismo do fascismo".[17] Em contrapartida, enquanto Arendt e Koyré viam o fascismo como simplesmente oposto à verdade, ainda mais interessante era o fato de ambos também notarem a centralidade das imagens no entendimento fascista da verdade.[18] Como já mencionei em outra ocasião, Sigmund Freud e Jorge Luis Borges, dois autores contemporâneos bem distintos, abordaram essa dimensão particular. Para Borges, conforme ele escreveu em seu diário *Nosotros*, em 1925, o fascismo e a "Lugoneria" (isto é, o fascismo de Lugones tornado famoso através de sua proclamação da "hora da espada") implicavam numa "exaltação" dos sentidos que não ajudava o raciocínio. Borges comparava o fascismo a "pistas intelectuais escorregadias [*tropezones intelectuales*]". Para Freud, o fascismo habitava um mundo de fantasia, no qual mitos e líderes governavam sobre o princípio da realidade.[19] Para ambos, o problema do fascismo era que ele aplicava uma mentira – e uma ideologia violenta e bárbara – à verdade estrutural do mundo mítico clássico. Ele representava não apenas o retorno dos deuses reprimidos, o regresso destes para o mundo vencido pela razão, mas também sua adoção política totalitária.

Igualmente para Borges e para Freud, a falta de verdade do fascismo estava relacionada a sua irracionalidade, sua injustificável transformação de antigos mitos plurais em mitologia política unitária. Freud conceituava o fascismo como uma interpretação patológica da verdade. Para Borges, o nazismo antissemita estava enraizado numa "alucinação erudita". Para ambos, o fascismo representava a negação das verdades contextuais (ou seja, da História). Ambos enfatizavam a relação no fascismo entre violência, racismo e fé. Para Borges, o fascismo era extremamente destrutivo. Homens podiam somente mentir, matar e derramar sangue pelo nazismo, que era incapaz de promover qualquer resultado positivo. A violência fascista era a "fé da espada", uma forma transcendental arraigada numa "ética de infâmia". Borges assinalou essa dimensão ideológica num comentário feito durante a Segunda Guerra: o de que os alemães tinham de ser doutrinados, frequentando "seminários de abnegação" nessa ética da violência. Mas a ética nazista era uma contradição em termos, uma não-ética [*la ninguna ética del nazismo*].

Não se tratava de uma educação ética racional que emanava dos livros; antes, ela era extraída de imagens e emoções. Em resumo, tratava-se do retorno da superstição. Como tal, Borges identificava o fascismo como antitético à leitura. Em 1944, ele advertiu que o fascismo acabaria levando à destruição do conhecimento. Ele abriria o caminho para a morte de "todos os livros na Terra". Ironicamente, visto que ele não tinha o conhecimento de Borges em 1944 sobre o então contínuo extermínio dos judeus, Freud também ironicamente afirmava que a queima de livros era melhor do que a queima de corpos. O fato de os nazistas queimarem seus livros representava a rejeição fascista à cultura erudita: "Como temos progredido. Na Idade Média, eles teriam queimado a mim; hoje em dia, ficam satisfeitos em queimar meus livros".[20]

Nesse contexto, os excessos epistemológicos de alguns fascistas chegaram a ir tão longe a ponto de negar o valor da leitura como uma fonte de conhecimento político.[21] No entanto, para a maioria dos fascistas, o pensamento devia se fundir com a ação. Como colocou Mussolini, o livro e o mosquete fazem o fascista perfeito: "*Libro e moschetto, fascista perfetto*".²² Os fascistas tinham uma relação muito ambivalente com os livros e a cultura. Certamente, o fascismo se escorava em fortes correntes intelectuais, inclusive o futurismo e outras formas modernas na literatura e nas artes, mas também adotava o anti-intelectualismo como uma fonte essencial de motivação política. Como afirmou o intelectual marxista peruano José Carlos Mariátegui, para o fascista autêntico, o fascismo "não é um conceito". O fascismo se opunha à arte em nome da violência. Portanto, as posições ideológicas de Mussolini eram "motorizadas pelo sentimento".

Mariátegui tinha analisado as dimensões básicas do fascismo nos anos 1920, especialmente suas dimensões constitutivas anti-Iluminismo. O movimento era contra a "liberdade e a democracia, mas também contra a gramática".²³ Ele tomou a decisão ideológica de rejeitar a cultura. De maneira similar, para Adorno, o sentimentalismo fascista não significava uma simples "emoção primitiva e irrefletida", mas antes uma decisão clara para simular ou iniciar o que deveria ser o mundo do inconsciente. Os fascistas buscavam conscientemente esse "retrocesso coletivo". O fascismo oferecia a seus seguidores uma ficção dos sentimentos reais, e não uma forma simples de irracionalismo.²⁴

Para os fascistas, abstrações e simbolismos problemáticos significavam potencial e fatalmente o liberalismo e a democracia. O textual era potencialmente perigoso para o plano fascista de retorno ao mundo de emoções e imagens. O texto como uma conceitualização necessária era perigosamente distanciado do estado sensorial. Conceitos e princípios eram considerados como miragens da razão que os fascistas precisavam corrigir. Ironicamente, para os fascistas, a "consciência" era o resultado de uma violenta externalização da verdade, passando de atos performativos violentos que subvertiam a ordem simbólica e analógica das coisas para uma violência e uma conquista reais e explícitas. A consciência e os instintos eram mutuamente orgânicos para o Estado totalitário fascista.[25] Resumindo, a missão de desenterrar as forças míticas do inconsciente definia a ideia fascista da consciência.

7
O INCONSCIENTE FASCISTA

SUPOSTAMENTE, O FASCISMO representava um veículo coletivo para a expressão e a sintonia políticas de um ser autêntico. A ideia de que a alma tinha uma noção interna autêntica do mundo estava no centro desse processo intelectual. Ela se achava na raiz do entendimento fascista da política. Arnaldo, irmão de Mussolini, por exemplo, argumentava que a vontade predominante fascista promovia uma renovação interna e geral. Na verdade, ele afirmava que o trabalho de Mussolini era afinar essa alma coletiva. A política, mais do que a arte, poderia apreender e transformar a alma, projetando-a para o futuro. Em resumo, o fascismo entendia a alma como a fonte de sua legitimidade política.[1]

Os desejos individuais e coletivos do povo eram incorporados na persona do líder, que era, num sentido, a expressão das ideias fascistas de soberania. Certamente, essa soberania estava enraizada na vontade coletiva – mas apenas nominalmente. Somente o líder era a representação ideal dos desejos soberanos. Ele compreendia plenamente as aspirações coletivas da nação, ou, dito de modo diferente, ele sabia melhor do que o povo o que este queria de verdade. Conforme a visão de Hitler, o papel do líder era satisfazer os desejos do povo porque "as próprias pessoas comuns nutrem desejos indefinidos e têm convicções gerais, mas não detêm claridade precisa sobre a natureza real de seu objetivo ou de seu próprio desejo, sem mencionar a possibilidade de sua satisfação".[2]

O papel do guia, o "homem mais forte", provinha de uma "ordem natural". A linguagem de Hitler sugeria que a convicção íntima do povo de que o líder era a única pessoa que de fato importava era similar a uma forma de renovação religiosa. Antes de um líder poder agir publicamente, ele teria que emergir de uma "ânsia psíquica" popular. Para Hitler, as nações que não conseguiam encontrar uma "solução heroica" eram "impotentes". O oposto disso era a satisfação dos desejos políticos através da encarnação do povo inteiro na persona do líder: "O destino um dia atribui ao povo o homem dotado para este propósito, que finalmente traz a satisfação há tanto tempo almejada". Hitler via o advento de tal homem como o resultado de uma luta mítica, um destino trans-histórico que não poderia ser factualmente corroborado. O guia era "o melhor homem" colocado pela história no "lugar ao qual pertencia. Isso sempre será assim e eternamente assim permanecerá, como sempre tem sido". Nesta visão mítica de conexões lineares entre o passado e o presente, Hitler opunha a "verdade" à "assim chamada sabedoria humana". A História exigia "conflitos conscientes e inconscientes pela hegemonia".[3]

Mussolini também via a si mesmo como o principal intérprete de um inconsciente coletivo. A linhagem francesa do pensamento protofascista reacionário exibia uma visão semelhante. Maurice Barrès exaltava a "primazia do inconsciente", e Charles Maurras insistia que os instintos e o inconsciente eram fundamentais para a organização de uma sociedade.[4] A legitimidade do fascismo era baseada em sua noção singular de que a legitimidade política derivava do inconsciente. Segundo esta definição, a soberania popular não podia ser a expressão eleitoral de uma maioria popular, mas sua dupla realização ditatorial no Estado fascista e no seu líder. O fascismo foi personificado no Estado totalitário que Mussolini criou. Como declarou o fascista italiano Michele Bianchi: "A personalidade do Estado está viva e não é um conceito abstrato ou uma fórmula jurídica. Mas é um sentimento e uma vontade: o sentimento e a vontade da nação". Assim, Bianchi defendia que o Estado sob Mussolini não era somente uma realidade política, mas também "uma realidade ética e ideal".[5]

Essa "vontade da nação" era um resultado da conquista do Estado pelo fascismo. Não era um Estado genérico, mas um Estado fascista. Ele estava enraizado na percepção fascista, e na atuação (*acting out*), do inconsciente mítico. A ditadura fascista se tornou sua externalização. Essa noção do inconsciente era ideológica no sentido de que seus proponentes esperavam que ela transcendesse um nível mais factual de percepção. Mas essas reivindicações sobre a autenticidade interna da política fascista eram, de fato, uma racionalização fascista. Em outras palavras, elas constituíam uma lógica para a política fascista e uma ênfase não programática sobre os impulsos, mitos e fantasias. Assim, ironicamente, o inconsciente fascista era necessariamente o resultado de um ato consciente.

Segundo a visão fascista, o poder do povo era permanentemente delegado ao líder, que agia como a melhor expressão da identidade ideal do povo. O líder encarnava a soberania do povo. Se os monarcas tinham encarnado a si mesmos, a reivindicação do líder fascista à legitimidade se apoiava no povo. Mas na retórica e na crença fascista essa legitimidade não era desprovida de conotações divinas. Para Mussolini, a "soberania popular" existia somente através da delegação absoluta do poder ao líder, que governava pela força, não pelo consenso.[6] Mas a interpretação de Mussolini era exemplificada não somente em suas leituras da vontade popular existente ou da confirmação da "certeza do povo em sua potência", mas também, e de modo mais importante, em suas próprias intuições. Como Hitler, o Duce pensava que ele sabia o que o povo de fato queria. Ele se imaginava capaz de sentir o "pulso da nação" a partir de seu interior.[7]

Em consequência disso, mesmo quando os fascistas exprimiram admiração pelo teórico francês Georges Sorel, eles criticaram sua abordagem instrumental. Sorel acreditava no poder político dos mitos sem ter fé neles. Para Salgado, o líder dos fascistas brasileiros, o problema de Sorel era sua redução da história a uma luta de classes; "a técnica de Sorel" era, portanto, oposta à "técnica de Cristo". Em resumo, Sorel carecia de fé. Ele era "genial e insuficiente". Como observaram os fascistas colombianos, a teoria soreliana podia produzir comunistas, assim como seus "antídotos": fascismo e nazismo. Eles afirmavam que a "violência é o único realizador, mas isso não é possível sem criar um estado épico da alma". Esses estados podiam ser produzidos pela "religião, pela glória ou pelo grande mito político". O próprio Mussolini declarou que "Sorel é verdadeiramente *nôtre maître* [nosso mestre]". Mas embora o Duce apresentasse Sorel como um dos autores que contribuíram para a formação de sua "mentalidade", ele também expressava um desacordo significativo em relação à moralidade. No fim das contas, a crença de Mussolini na realidade do mito foi bem além das visões instrumentais de Sorel sobre o mito.[8]

Mussolini combinou os desejos do povo (conforme deduzido por ele mesmo) com aqueles do sagrado. Em 1926, ele declarou que, ao pensar no destino histórico da nação, ele era capaz de "ver" a obra de uma vontade sacrossanta, "a mão infalível da providência, o sinal infalível da divindade" no desdobramento dos eventos.[9] Muitos fascistas concordaram. Para eles, a mente de Mussolini demonstrava a "sublime permeação do divino no humano". A alma de Mussolini era considerada a personificação de todas as almas, a fonte ideal para interpretar a profunda autenticidade italiana.[10] O resultado foi a habilidade de Mussolini para reformular constantemente o fascismo através da implacável defesa de qualquer coisa que dissesse ou fizesse, ou seja, as concretizações políticas de suas fantasias e desejos. Como colocou o intelectual fascista Camillo Pellizzi, não havia necessidade de um dogma fascista, na medida em que este dogma era primeiramente representado pela persona e pelas ações de Mussolini.[11] Como se descrevendo uma teoria de impulsos políticos, essa totalização das ações de Mussolini era, com frequência, explicada como o resultado de uma afirmação da vida sobre a morte, como no hino aos "heróis da revolução fascista". O próprio Mussolini equiparava a vida a um sentido radical de luta.[12]

Para os fascistas, instinto, alma, caráter e personalidade eram encarnações míticas, realidades biológicas, assim como legados coletivos do passado imperial. Destituídos de mediações racionais, os sujeitos dos fascistas não eram mais abstrações mentais, mas representações vivas do mito imperial da nação. Em oposição à distinção abstrata entre o corpo e a alma, Pellizzi argumentava que a "alma" era uma "realidade absorvente [*realtà assorbente*]".[13] Os fascistas conceberam suas políticas como expressão dessa "realidade" através das experiências "imanentes" de violência, guerra e imperialismo. O império era uma expressão essencial do "instinto hierárquico".[14] No fim das contas, a ideia fascista do inconsciente enfatizava a necessidade de reconhecimento das demandas do líder como uma verdadeira emanação de ímpetos destrutivos – isto é, uma afirmação dos desejos violentos. Resumindo, o fascismo acreditava ser ele próprio a personificação do desejo puro, mas, ao mesmo tempo, reprimia todo desejo sem relação com os pontos principais do fascismo ideológico: guerra total, plena violência e a destruição do inimigo.[15] Assim, o fascismo representava a absolutização dos impulsos violentos na esfera política. Isso era encapsulado pela ideia mussoliniana de "viver perigosamente" ou, como o fascista espanhol Giménez Caballero colocou, um risco criativo infundido no misticismo. O mundo fascista perfeito de Giménez Caballero seria um no qual as noções de "dor e guerra" tivessem um "valor afirmativo sobrenatural".[16]

A ideia de que um sujeito encontrasse valor transcendental "na dor e na guerra" é um testamento das dimensões desumanizadoras da ideia fascista de que a verdade pertence ao mundo do sobrenatural, e não à história e à ação humanas. Essa crença numa forma sagrada de verdade tinha claras conotações teológicas cristãs. Na Bíblia, a verdade do Senhor contrasta com as mentiras dos homens: "Embora todos sejam mentirosos, deixemos Deus se provar verdadeiro". Aqueles que não acreditam na verdade de Deus são literalmente demonizados: "Quem é o mentiroso senão aquele que nega que Jesus é o Cristo? Esse é o anticristo, aquele que nega o Pai e o Filho". As mentiras dos infiéis emanavam do diabo. Eles queriam julgar segundo os padrões humanos e se posicionavam contra o verdadeiro entendimento que somente a fé pode oferecer: "Por que tu não entendes o que digo? É porque não pode aceitar minha palavra. Tu vens de teu pai, o diabo, e escolheste realizar os desejos de teu pai. Ele era um assassino desde o começo, e não representa a verdade porque não há verdade nele. Quando mente, ele se manifesta segundo sua natureza, pois é um mentiroso e o pai das mentiras".[17] A ideia de verdade do fascismo cresceu a partir desse conjunto tradicional de oposições entre verdade divina e mentiras demoníacas. Como afirmava o padre fascista argentino Leonardo Castellani, em 1943, a única maneira de alcançar a verdade era *traduzi-la* a partir de Deus. O resultado seria o deslocamento da verdade científica em favor da "verdade mítica".[18]

Em consequência disso, o fascismo renunciou à consciência de si mesmo e pôs em seu lugar uma verdade divina supostamente emanante de um "eu" purificado. Como queixava-se Giménez Caballero, "O homem analisou demasiadamente sua própria consciência, ele acabou a corroendo e diluindo ao não acreditar na unidade daquilo que não pode ser dividido. E é este o segredo por trás da bastardia do freudismo e do suprarrealismo". A teoria de Freud era parte da cultura dos inimigos esquerdistas e judeus. Ela era ao mesmo tempo a essência do primitivismo e um marco importante da modernidade secular: "Tanto o homem primitivo do Paleolítico quanto o selvagem de hoje têm sido freudianos sem o saber".[19]

Interpretando a teoria de Freud como um desejo de possuir um sentido transcendental da verdade – que era, de fato, um elemento crítico de sua teoria do "eu" –, fascistas como Giménez Caballero defendiam uma noção nacionalista e religiosa da verdade. Essa verdade podia ser alcançada deixando-se todas as dúvidas para trás, de modo a acolher uma "fé na verdade de um intelecto nu". Esse atalho a partir do indivíduo para um estado coletivo era o resumo da política fascista: "A arte da vida é... alcançar a passagem de um estado individual para um estado pátrio, de maneira a assim alcançar um estado eterno supremo: de paz e contemplação de Deus". Ele afirmava: "Obedeçamos com a disciplina individual de uma nota musical numa melodia que só Deus faz vibrar e a escuta".[20]

Ao evocar uma verdade que reside além da história humana, ao se render a investigações críticas sobre o "eu", a teologia política fascista apresentava um atalho sagrado para a realidade. Esse movimento implicava numa rejeição da percepção e numa quase completa alienação da realidade. Ela levava os seguidores fascistas a uma profunda desconfiança do autoconhecimento derivado da técnica psicanalítica. Por que essa crítica a Freud era importante para os fascistas? O que estava em jogo para eles em suas batalhas contra a psicanálise? Estas questões serão abordadas a seguir.

8
FASCISMO CONTRA A PSICANÁLISE

QUANDO AINDA ERA UM JOVEM POETA que acabara de retornar da Europa, Jorge Luis Borges escreveu para um amigo espanhol em 1921 sobre um ambíguo – talvez impossível – projeto literário, um romance coletivo e fantástico a ser escrito com Macedonio Fernández e outros amigos literatos. O enredo, disse Borges, girava em torno de um plano bolchevique ficcional de tomar o poder, espalhando uma "neurose geral" no povo argentino.[1] Borges, evidentemente, nunca escreveu esse romance, e provavelmente não teria podido prever que alguém visualizaria o roteiro hipotético como uma ameaça à nação. Ainda assim, foi exatamente essa a ameaça que um grupo de fascistas na Argentina identificava como uma conspiração dos judeus – chegando a indicar o próprio Borges como um ator na trama. Segundo esse grupo, os judeus tanto personificavam a neurose coletiva quanto conspiravam para ganhar o poder no país espalhando a doença. A psicanálise freudiana era, neste ponto, tanto um meio quanto um fim.

As ideias fascistas sobre o "eu" místico, violento e hierárquico estão em flagrante contraste com a teoria psicanalítica. Para muitos fascistas, as categorias psicanalíticas do inconsciente se aplicavam apenas ao inimigo. Por outro lado, ao negar a dimensão sagrada do fascismo e apresentá-lo como o retorno de uma forma ocidental de barbárie, Freud opunha-se não só aos fins fascistas, mas ao autoconhecimento fascista. Para Leopoldo Lugones, Freud simbolizava o inaceitável: ele questionava a ideia do sagrado e, dessa forma, a política que o fascismo representava. Para Freud, Lugones escreveu: "Deus não passa de uma idealização, bipolarizada em si mesma, do *Totem ou símbolo animal que algumas tribos selvagens possuem*".[2] Ele representava uma "antirreligião" que enfatizava a negatividade das forças instintivas. Acima de tudo, Lugones considerava a psicanálise como "anticristã" e, assim, antitética à verdade eterna de um fascismo cristão.

Ao mesmo tempo, membros do fascismo clerical argentino, como Virgilio Filippo, estavam preocupados com as perspectivas psicanalíticas sobre normalidade, desejo e patologia. Em resumo, as teorias freudianas aparentemente ameaçavam as verdades transcendentais sobre o "eu" e o sagrado. Filippo era um dos mais importantes adversários antissemitas do freudismo durante o período. Como muitos colegas fascistas argentinos, ele via a psicanálise freudiana como uma ameaça à nação. Tal percepção se baseava numa visão particular do "inimigo interno" e num ataque essencialmente secularizado e racializado contra o povo judeu que, não obstante, incorporaria elementos do antissemitismo religioso tradicional.

Com frequência, Filippo citava o escritor antissemita Dr. Albérico Lagomarsino sobre essa questão. Lagomarsino partilhava com Filippo a mesma visão do freudismo, particularmente a respeito das atividades culturais e artísticas judaicas. Ele afirmava que vários empreendedores culturais judeus, ao adotarem "a teoria psicanalítica de Freud", promoviam a "sublimação da libido" dentro da expressão artística. A teoria psicanalítica produzia uma "exposição artística" especificamente judaica que diluía o espírito e dava proeminência aos sentidos. Os princípios da carnalidade representavam um "passo atrás" nas formas artísticas. Ele as denunciava como sendo especificamente características semitas que, ainda assim, exibiam um determinado fascínio quase pornográfico pelas "impurezas" da arte psicanalítica promovida pelos judeus. Forçosamente, Lagomarsino usava imagens carnavalescas e até orgíacas para representar o que ele rotulava como "arte judaica". Ele descrevia essa arte como caracterizada por indistinguíveis corpos nus, "carne nua em grupos lascivos", um enxame de corpos femininos, levemente vestidos, membros desconectados e a manipulação de luz e música. Resumindo, para Lagomarsino, "o coito parecia ser o tema proposto. É essa a arte moderna sob uma administração judaica!".[3]

Filippo acreditava que a licença sexual desenfreada era um dos primeiros objetivos de Freud – que o pai da psicanálise estava ressuscitando as doutrinas epicurianas e, dessa forma, defendendo o "livre prazer" [*libre gozo*] e construindo "uma escada" para descer até o "abuso de mulheres" e a "ignomínia deste século, as descobertas judaico-maçônico-comunistas". A consequência extrema eram as "pretensões de Freud de contrapor-se à influência de Deus no mundo corpóreo".[4] Filippo não estava só em seu horror aos aspectos sexuais da conspiração judaica que reunia todos aqueles que ele considerava "adoradores de Satã e do Falo". Muitos antissemitas católicos sugeriram um relacionamento secreto entre o suposto assalto discursivo de Freud contra a verdade do cristianismo e o "câncer da língua" que Freud desenvolveria ao fim de sua vida. O padre fascista Leonardo Castellani dizia ter ouvido rumores disso quando visitou Viena em 1935.[5]

Durante os anos de fascismos, a sexualidade ocupou posição central para os estereótipos judaicos disseminados pela direita global antissemita. O próprio Hitler projetava suas fantasias e medos íntimos sobre a ameaça sexual e racializada do judaísmo.

> Com um prazer satânico no rosto, o jovem judeu de cabelos pretos espreita à espera da insuspeitada moça que ele contamina com seu sangue, roubando-a assim de seu povo. Por todos os meios, ele tenta destruir os fundamentos raciais das pessoas que pretende subjugar. Da mesma forma que estraga sistematicamente mulheres e meninas, ele não recua ao demolir as barreiras sanguíneas para os outros, até mesmo em larga escala. Foram e ainda são os judeus que trouxeram os negros para a Renânia, sempre com a mesma intenção secreta e o claro objetivo de arruinar a odiada raça branca através do abastardamento necessariamente decorrente,

derrubando-a de seu elevado patamar cultural e político para eles mesmos se erguerem como seus senhores.[6]

Embora partilhassem algumas das fantasias sexuais paranoicas de Hitler, muitos fascistas latino-americanos acreditavam que ele ignorava a verdade cristã revelada. Contudo, para os membros do fascismo clerical argentino, o "problema judaico" ainda era não simplesmente teológico, mas racial. Para o frade Julio Meinvielle, a solução para o "problema" na Argentina devia ser católica, não a que finalmente se tornou a Solução Final Nazista.[7] Para ele, o antissemitismo nazista estava desconectado dos interesses políticos superiores. E, ainda assim, ele considerava também a violência nazista como um resultado do plano global de Deus contra a esquerda.[8] Levando em conta que Meinvielle acusava os judeus de tudo o que não apreciava, a violência nacionalista só podia ser um remédio antissemita. Mas essa violência não podia ser pagã. Para Meinvielle, existia "um modo pagão que rejeitará o estrangeiro porque ele é estrangeiro; um modo cristão que o rejeitará, na medida em que ele poderia ser danoso para os justos interesses do país; um modo pagão que rejeitará e odiará o judeu porque ele é judeu; um modo cristão, conhecendo a missão dissolutiva que o judeu ocupa no coração dos povos cristãos, que limitará sua influência de maneira que ela não cause prejuízo".[9]

A revista fascista mexicana *Timón* apresentava Hitler como alguém que lutava contra os judeus em nome da verdade, mas seus métodos não eram aqueles da "Maioria católica do mundo". O fascista mexicano Fernando de

Euzcadi sustentava que o povo era capaz de sentir essa "verdade" em seu espírito.

> O fato, ainda que possa parecer embaraçante, ainda que possa ser humilhante para as consciências, está no espírito de todos como uma triste e inconsolável verdade. E tampouco a humanidade ignora a vítima da ditadura judaica, posto que a firme vontade, a energia empática de um patriota, é suficiente para destruir, até seus fundamentos, a inteira organização judaizante de um país. O Führer da Magna Alemanha, que é um homem clarividente de ação, não teve tremores na força ou fraqueza na consciência... O "tabu" judaico não teve força diante da vontade de um homem de ferro, solidamente apoiado pelo seu povo.[10]

Dito isso, Hitler não era um exemplo para a América Latina. Euzcadi afirmava que "o mundo católico tem outras armas: aquelas de sua fé, aquelas da crença e do constrangimento do homem branco, de sangue puro, diante da humilhação e da renúncia". Ele declarou que a história estava atrás de "uma cruzada antissemítica" que não estava apenas "flutuando ao vento de uma religião. Ela é a cerca inexpugnável de séculos de civilização, ela é a luta pelas convicções que ouvimos nos berços proferidas pelos lábios maternos. Ela é o galanteio de virilidade diante da baixeza sinuosa dos répteis". Para aqueles que acreditaram nessas mentiras antissemitas, as apostas não podiam ser mais altas: "Ser ou não ser: ou o catolicismo esmaga o judaísmo, ou o judaísmo, esmagando o catolicismo, levará com ele o restante de dois séculos de grandeza manchados pela lama de nossa covardia e de nossa fé diminuída".[11]

Mas como puderam os fascistas imaginar que, se sua fé era tão poderosa, os judeus poderiam esmagá-la? Os fascistas argentinos acreditavam que Freud e a psicanálise eram novos elementos poderosos numa aliança conspiratória anti-Argentina dos Comunistas, Maçons e Judeus. Filippo era um porta-voz importante para esse discurso ideológico durante os anos 1930. Para os fascistas, havia uma linha que eles não podiam cruzar; assim, os judeus eram sexualmente anormais, e os fascistas, não. Filippo considerava a legitimação e a reificação do desejo do freudismo extremamente problemáticas.[12] Por outro lado, ele cunhou um termo para a parte do "eu" que ele queria que fosse rebaixada, o "ego onírico": "o ego da parte inferior, visceral e inconsciente".[13] Para o padre Filippo, estava claro que esse "ego onírico" era absolutamente judaico em suas premissas sexuais e inconscientes diretas, ao passo que o "ego cônscio" era puramente católico e argentino em sua capacidade de determinar a vontade dos indivíduos.

Dessa forma, Filippo estava empenhado em expor Freud como um advogado daquilo que ele acreditava ser um poder libidinoso. O famoso psicanalista, como Albert Einstein, era uma figura importante na estrutura do "materialismo dominante", que, segundo Filippo, minava a capacidade nacional e católica de dominar, por meio da repressão total, as forças perturbadoras do insconsciente.[14] De modo semelhante, muitos fascistas italianos identificavam o sistema binário entre o ego normal e o ego judaico. Para os fascistas, Freud tinha "submergido a moralidade dentro do charco da libido".[15] Num artigo sintomático intitulado "Abaixo Freud", o fascista Alberto Spaini referiu-se a Freud como um falso "pontífice judeu" que colocou em questão a imutabilidade da alma. O próprio Mussolini também se referia a Freud como o "Máximo pontífice" da psicanálise.[16]

Um exemplo interessante dessa representação da psicanálise atacando a verdade eterna foi publicado no jornal católico argentino *Criterio* por "Juan Palmetta", pseudônimo de Leonardo Castellani. Esse padre zombava da psicanálise freudiana. O insidioso humor antissemita de Castellani é uma janela para o mundo fóbico dessa comunidade interpretativa fascista. Para Castellani, o "pansexualismo" freudiano era um fato evidente, quase óbvio, que ele rotulava de "sexologia freudiana". Seu argumento era de que se tratava de uma religião alternativa "danosa", com Freud sendo o "Espírito Santo".[17]

A intenção de Freud de questionar a imutabilidade das almas e as verdades que elas engendravam e substituí-las pelas suas próprias verdades sagradas era intolerável para os fascistas. E, ainda assim, era notável que estivessem dispostos a se envolver com Freud, até certo ponto, segundo seus próprios termos. Os fascistas enfatizavam que a teoria de Freud do inconsciente nada podia contra o poder da natureza mítica do "eu". Eles viam a vontade como a expressão da alma e produtora da verdade. Sendo sua própria versão do inconsciente o ponto de origem de seu voluntarismo totalitário, eles insistiam que Freud fazia com que ela parecesse ser uma forma animal exterior à história.

Para o brasileiro Salgado, a teoria freudiana pertencia a um passado liberal artificial, especificamente, o século XIX. Mas ela havia se tornado agora uma teoria para comunistas, que não estavam realmente interessados nos trabalhadores, mas somente na "demagogia leninista". Eles eram "burgueses autênticos" que se vangloriavam de ter descoberto "a maior novidade a respeito da filosofia, da sociologia, da política: Freud". Salgado comparava a teoria freudiana a seu próprio "integralismo", segundo ele "uma concepção absolutamente enraizada no século XX". Diferentemente da psicanálise freudiana, o fascismo brasileiro não podia ser compreendido por "macacos, imitadores servis e contribuintes passivos, por indivíduos incapazes de compreender o tempo em que eles vivem".[18] A compreensão fascista do tempo era profundamente intuitiva. No fascismo, a raça era "revelada" na "intuição" e na "inteligência do subconsciente". Enquanto a psicanálise defendia uma teoria do inconsciente como a "irrupção de um gorila primordial", o fascismo afirmava e continuamente tornava presente a "vontade primordial de viver".[19]

O ataque fascista contra a psicanálise era feito em nome de um sujeito desprovido de razão. Ele significava uma domesticação do "eu" e uma negação da verdade objetiva em nome da verdade absoluta. Os fascistas viam a psicanálise como uma ameaça importante, pois, para eles, não havia tensão entre sua rejeição democrática de uma ordem eterna da verdade, conforme ditada pela igreja ou um líder autoritário, e sua afirmação da alienação da ordem burguesa. Conforme observou Adorno em 1944, esta era a percepção da psicanálise exibida no "inconsciente fascista" das revistas de terror.[20]

Em sua interpretação da teoria freudiana como uma forma de autoalienação, os fascistas defendiam o "homem que celebrava sua superioridade", enquanto denegriam "o homem freudiano", o homem da libido. Se o primeiro representava uma forma superior de masculinidade, os ímpetos sexuais incontrolados e irreflexivos prevaleciam no último. Para muitos fascistas, a psicanálise questionava os pressupostos básicos da revolução fascista, propondo teorias alternativas da história, da verdade e do mito. Os fascistas contestavam a noção freudiana do inconsciente como sendo "depositário de todos os lixos do espírito". Para eles, a psicanálise propunha seus próprios mitos de transcendência e destruição. Num momento notável de projeção, o fascista Alfonso Petrucci afirmou que "a doutrina do judeu Freud é nova unicamente na forma e faz parte da luta eterna do mundo subterrâneo contra a luz".[21]

Para os fascistas, Freud desejava apenas a "destruição". Em contraste, a revolução fascista combinava "destruição" e "construção". Como afirmava o professor fascista Domenico Rende, a teoria freudiana do inconsciente era "essencialmente contra a doutrina fascista". Os fascistas, como Rende, defendiam a visão antissemítica de que somente os judeus podiam ser sujeitos de comportamento anormal. A psicanálise era uma consequência da doença que pretendia tratar, mas o fascismo "curaria" os não judeus da psicanálise.[22] Vários companheiros de viagem do fascismo concordavam com essas posições. Por exemplo,

Carl Jung, outrora discípulo de Freud e depois membro da resistência intelectual contra a psicanálise, acreditava que a psique judaica – mas não a psique "Ariana" – deveria ser controlada. Para Jung, o inconsciente judaico era problemático, ao passo que a alma ariana era uma fonte de autodescoberta e civilização. Segundo ele, o fascismo alemão explorava suas "profundezas".[23]

O fascismo representava uma tentativa de borrar a linha entre o interior e o exterior, ou seja, erguer a barreira entre os desejos íntimos da mente e o mundo externo. Em termos políticos simples, era uma rejeição aos controles da realidade. Os fascistas concebiam seu processo como uma forma de ação histórica radical, uma forma fascista de extremo voluntarismo histórico. Para os nazistas, a primazia da vontade abrangia um *continuum* histórico mítico das trevas para a luz, e do cenário medieval à liderança moderna de Hitler, como infamemente dramatizada no começo do filme de Leni Riefenstahl *O triunfo da verdade*.[24] Tanto o nazismo quanto o fascismo enraizavam seu entendimento do nacional numa noção histórica que frequentemente se desviava do registro histórico, precisamente porque estava cheia de elementos míticos. Para os fascistas italianos, Roma ocupava (pelo menos antes da lei racial italiana de 1938[25]) a mesma dimensão mítica que os nazistas descobriram no passado imaginado da raça.

Como afirmou o historiador Saul Friedlander, "o nazismo mobilizou um conjunto de imagens aparentemente sem sentido que, entretanto, evocava constantemente o anseio pelo sagrado, o demoníaco, o primordial – em resumo, pelas forças do mito".[26] No entanto, se para Freud os mitos funcionavam alegoricamente como metáforas para os mecanismos do inconsciente, os fascistas literalizavam os mitos como expressões ideais dos mecanismos da alma. Sorel enfatizou essas dimensões políticas e analíticas poderosas do raciocínio mítico.[27] Mussolini e Hitler deram um passo à frente: eles não apenas usavam mitos, mas os adotavam como verdades superiores, como fontes para os atos que fabricavam o sentido fascista.

9

DEMOCRACIA E DITADURA

UMA MENTIRA FASCISTA FUNDAMENTAL é a ideia de que a ditadura era a forma mais verdadeira da democracia. Como ocorre com outras mentiras fascistas, essa fabricação da "verdade" substituía a verdade empírica. Pela perspectiva da realidade, o resultado desse tipo de ideologia nunca poderia ser verdade. Era simplesmente falso. De qualquer modo, os fascistas acreditavam que suas mentiras eram a prova de uma verdade mais profunda. Eles rejeitavam a evidência real e a substituíam por uma fé profunda, quase religiosa, em seus líderes e na ideologia totalitária que eles defendiam. O líder e a ideologia eram, para eles, a evidência de que aquilo pelo que lutavam representava uma verdade absoluta. Os fascistas não eram simplesmente cínicos em relação às suas mentiras, eles queriam acreditar nelas, e eles acreditavam.

A democracia não era uma exceção para esse padrão fascista de conciliar mentiras com uma crença profunda nelas. Invertendo os termos da equação, os fascistas identificavam a democracia existente como sendo uma mentira, porque eles acreditavam que a representação eleitoral não exprimia verdadeiramente os desejos do povo. Somente o líder podia representar o povo para sempre. Para Hitler, como era de se esperar, os judeus estavam também por trás dessa ideia inerentemente falsa de uma democracia pluralística (ou seja, um sistema ao qual faltasse uma vontade única). Ironicamente, considerando essa queixa, sua retórica condensava todos os judeus numa força de vontade unificada. Hitler falava do suposto plano dos judeus como o de uma figura singular: "Seu objetivo supremo neste estágio é a vitória da 'democracia', ou como ele a entende: a ordem do parlamentarismo". Agindo assim, os judeus substituiriam "personalidade" por "a maioria caracterizada pela estupidez". Projetando suas próprias intenções e desejos, Hitler não só via os judeus como portadores de um único plano maligno, mas realmente dizia que eles não acreditavam na democracia e queriam estabelecer uma ditadura. "Agora começa a grande revolução", escreveu ele, prevendo os resultados de um complô judaico radical. "Ao ganhar poder político, o judeu se despe dos poucos mantos que ainda o cobrem. O judeu 'pessoa democrática' se torna o judeu sanguíneo e tirano sobre os povos. Em poucos anos, ele tenta exterminar a *intelligentsia* nacional, e, roubando dos povos sua liderança intelectual, torna-os maduros para a sina do escravo de subjugação permanente."[1]

Na verdade, é claro, os fascistas rejeitavam a democracia liberal e a substituíram pela ditadura. Os fascistas também planejavam exterminar seus inimigos, e, com o tempo, o fizeram. Esse deslocamento era prático, assim como teórico. Como declaravam os fascistas, o fascismo era ontologicamente oposto à vida democrática existente.[2] O fascismo materializava os impulsos violentos, apresentando-os como emanações nuas do verdadeiro "eu". Ele era opaco, na medida em que representava algo que não podia ser partilhado através de linguagem direta ou de analogias. Os instintos só podiam ser expressos através de atos de submissão ao líder, que detinha a verdade.

Dos Estados Unidos à Índia, da Argentina ao Japão, os fascistas afirmavam que uma democracia real nunca existira. Eles denunciavam o parlamentarismo ou alegavam que ele estava velho, ou então que havia sido corrompido pelo comunismo, ou que se tratava de um complô judaico. Contudo, eles inventaram a ideia de que seu autoritarismo conduziria a uma forma melhor, mais funcional e mais verdadeira da democracia.[3] Na China, os fascistas Camisas Azuis argumentavam que a democracia existente era a antítese dos movimentos revolucionários bem-sucedidos, que "lançariam os fundamentos para uma democracia popular".[4] De modo semelhante, os fascistas espanhóis denunciavam "as velhas mentiras da democracia" e associavam a soberania popular às "doutrinas e procedimentos do fascismo redentor".[5]

No México, o intelectual fascista José Vasconcelos afirmava que a verdadeira democracia moderna jamais existira. Ele proclamava: "Até as pedras já sabem que a democracia foi enterrada no dia em que os principais povos da época entregaram seus destinos, não mais à liberdade do sufrágio, como nas pequenas repúblicas medievais da Itália ou da Espanha, mas às máfias judaicas e maçônicas que têm explorado a ânsia e a angústia, a inocência e a desgraça das nações. Não temos visto democracia, mas temos visto intriga imperialista e alta plutocracia". Vasconcelos concluiu que a ausência de uma real democracia significava que a Alemanha nazista representava o melhor poder possível para o futuro da América Latina. Como Hitler, ele acreditava que os judeus, especialmente os judeus americanos, representavam o verdadeiro inimigo do fascismo, ou, como ele o colocou, eles eram "os mesmos elementos [...] que hoje, nos Estados Unidos, pregam a 'guerra santa' da democracia bancária internacional contra o totalitarismo libertador de Hitler e Mussolini".[6]

No Peru, os fascistas afirmavam que, tal como existia, a democracia engendraria a "plutocracia" e só poderia ser corrigida por uma "representação proporcional"; na França, eles confrontavam a "democracia política" com suas aspirações de alcançar uma "democracia" que fosse "integral" e "totalitária".[7] Na Argentina, Lugones descrevia a ordem totalitária como essencialmente antipolítica.[8]

Lugones defendia a reforma do sistema eleitoral em termos de estruturas corporativas de governo, o que ele, com autoproclamada "objetividade impessoal", chamava de "representação funcional". Lugones argumentava que a representação funcional com votação universal, mas qualificada, organizada em corporações e grupos vocacionais, era a forma de nacionalismo melhor adaptada às necessidades da Argentina. O povo, em oposição às "massas amorfas", seria o eleitor desse sistema político. Lugones identificava as políticas ordinárias com a democracia liberal. Ele via um sistema corporativista como parte da reação fascista global contra a representação eleitoral, mas também divergia do fascismo italiano, visto que queria uma corporação (a militar) no comando supremo, acima mesmo do ditador. Ele considerava que esse Estado deveria ser transcendentalmente desprendido da política como de costume. A dimensão mítica estava na raiz de sua insistência para uma "reorganização autoritária" do Estado.[9]

Tal como os fascistas mexicanos e brasileiros, Lugones enquadrava o Estado militar corporativista que propunha no contexto do fascismo global. Para ele, Mussolini era uma "síntese maquiavélica". Antes de ser uma peculiaridade italiana, o fascismo representava um padrão universal de "democracias militares". A "reconcentração e defesa" do Estado pareciam ser, para Lugones, os princípios básicos do fascismo italiano. Mas também eram sintomas de tendências ditatoriais mais amplas. O fascismo italiano era exemplar, mas não era um modelo. Ainda assim, a realidade corporativista da Itália era realmente importante para Lugones. Em sua opinião, Mussolini tinha transformado a Itália de um "país proletário e subalterno" num "potentado". Essa potência era o pilar para a "criação de um novo tipo de Estado".

Lugones via o fascismo como ele queria que fosse: uma "ditadura democrática".[10] Na sua mente, o fascismo parecia bem semelhante à sua própria proposta para o Estado argentino: uma ditadura corporativista militarizada, o que ele também sintomaticamente concebia como uma forma militar de democracia.[11] Onde os antifascistas viam simplesmente uma ditadura fascista brutal, muitos fascistas acreditavam que era a única verdadeira democracia. Isso era, evidentemente, uma mentira. Mas é interessante que os fascistas realmente tenham lutado para criar uma forma de representação que substituísse a democracia constitucional.

A delegação de poder, e da verdade, ao líder era essencial. Mas isso não era o bastante. Para os fascistas, o corporativismo, como ferramenta legitimadora, podia efetivamente conciliar a contradição entre ditadura e representação. Dessa forma, eles apresentavam o corporativismo como uma marca distintiva da democracia. A representação eleitoral livre e universal não seria mais permitida. O corporativismo era uma dimensão crucial da defesa contra os supostos inimigos da nação: liberalismo, comunismo e judaísmo. A democracia estava em sua "infância", e o fascismo a levaria à sua maturidade.[12]

De um modo geral, os fascistas acreditavam que o corporativismo fornecia legitimidade substancial a uma forma ditatorial de representação enraizada na soberania, senão eleitoral, popular. Em outras palavras, para os fascistas, a verdadeira democracia era, de fato, uma ditadura corporativista.[13] A maior parte dos fascistas em todo o mundo concordava que o corporativismo era uma forma autoritária de democracia, um regime político que eles também equiparavam à forma fascista de ditadura. Eles concebiam a ditadura como a única forma real de representação política na qual os ditadores podiam arbitrar entre setores diferentes da sociedade, e também na qual todo o povo podia obedecer aos ditos de um poder executivo autocrático.

O corporativismo era uma dimensão fundamental da reação global à democracia liberal no período entre as duas grandes guerras. Decerto, essa ideia já existia havia muitos séculos, e nem sempre ficou restrita ao campo antidemocrático ou subordinada à noção fascista de verdade na política.[14] Como uma proposta ideológica, os fascistas vieram associar o corporativismo às verdades absolutas de sua ideologia. Era uma parte constitutiva da alternativa ditatorial à democracia liberal, que muitos fascistas viam como um mero prelúdio ao comunismo.

Essa versão antiliberal e anticomunista do corporativismo era um elemento principal na circulação global do fascismo.[15] Embora existam dúvidas relevantes em relação à aplicação real de práticas corporativistas, poucos historiadores discordarão sobre a centralidade do corporativismo dentro dos círculos ideológicos e dos regimes fascistas.[16]

Começando nos anos 1920, o corporativismo tornou-se gradualmente sinônimo de formas de governo ditatoriais antiliberais e anticomunistas. Durante esse período, Mussolini incluiu o corporativismo como elemento central da ideologia fascista. Era parte de uma "nova síntese" que "supera o socialismo e o liberalismo".[17] Mussolini não estava sozinho. Sua "terceira via" corporativista entre liberalismo e socialismo se tornou um veículo global para a difusão e a reformulação das ideias fascistas. Para os regimes fascistas, o corporativismo representava uma forma de legitimidade soberana; ele estabelecia um sistema de representação que não rebaixava de modo significativo a verdadeira autoridade do ditador. Nessa situação, o corporativismo fornecia uma teoria para regular conflitos sob o arbítrio supremo do líder. Se em formas não-ditatoriais de representação o corporativismo identificava o Estado como o árbitro entre grupos de interesse, sob o corporativismo totalitário não havia diferença entre líder e Estado. Em teoria, o corporativismo funcionava ideologicamente para a legitimação do ditador. Supostamente, ele devia demonstrar a verdade do poder do povo encarnada no líder. Mas, na prática, nunca funcionou.

Nada havia de democrático em relação ao corporativismo fascista. Basicamente, uma pessoa governava e todas as demais deviam obedecer. Os antifascistas entenderam isso claramente. Nos anos 1920, o famoso pensador e jurista Hans Kelsen escreveu que o corporativismo substituía a forma democrática de representação parlamentar com uma forma diferente, mais parecida com a ordem ditatorial. Kelsen opunha-se àqueles que ainda acreditavam que o corporativismo pudesse melhorar a democracia. Na verdade, ele demonstrou que a situação era oposta. O corporativismo só servia aos interesses daqueles que não se identificavam mais com as constituições democráticas. Um desejo de dominação autoritária estava por trás dos apelos oportunistas por uma participação "orgânica" de todos os grupos de vocação no governo. Para Kelsen, o corporativismo era potencialmente ditatorial mas intrinsecamente autocrático. E sempre hostil à democracia.[18]

Em contraste, para os fascistas, a verdadeira democracia não podia se parecer com o passado. Mas o que eles entendiam como democracia, para todos os outros observadores, era ditadura. Por que os ditadores iriam querer apresentar a ditadura como democracia? Eles acreditavam de fato que eram democráticos? O que está claro é que os fascistas precisavam que a democracia fosse moldada de acordo com suas premissas e expectativas ideológicas. Sua verdade estava enraizada em imperativos ideológicos, não na realidade. Se o líder sabia realmente o que o povo queria, então existiria uma verdadeira democracia. Mas claramente este não era o caso, então a ditadura era construída como democracia, e a democracia tal como ela existia ou havia existido era apresentada como um recipiente falso para planos malignos que deviam ser destruídos. Ela precisava ser destruída em nome da verdade ideológica. Assim, o ditador espanhol Francisco Franco reivindicava que havia muitas definições de democracia, mas uma só era a "autêntica".[19] Quando Franco disse "Na nova Espanha, a tradição democrática será preservada e, se possível, aperfeiçoada",[20] ele estava simplesmente mentindo? Mais tarde, ele explicou: "Confrontando a democracia formal, nós a opomos à democracia prática... Nossa democracia reúne seus desejos e necessidades a partir do povo".[21]

Em todo o mundo, os fascistas identificavam as democracias liberais existentes com a decadência e as consideravam, de boa vontade ou não, uma abertura dos portões para o comunismo. O líder do Movimento Nacional Socialista do Chile (os "nacis" chilenos), Jorge Gonzales von Marées, declarava haver apenas uma "pretensa" democracia no Chile. Os fascistas "salvariam a democracia" destruindo a suposta democracia que estava "alimentando e fortalecendo as raízes da ditadura soviética". Em contraste com uma ditadura comunista, os fascistas chilenos sustentavam que eles queriam criar uma "verdadeira democracia".[22]

Os fascistas identificavam as democracias constitucionais como sendo uma mentira. Eles acreditavam não ser verdade que a representação eleitoral pudesse exprimir a soberania popular. Para eles, tal ideia era uma "ilusão".[23] A democracia impunha mentiras às pessoas e à nação. Para Jean-Renaud, líder do partido francês Faisceau, os parlamentos democráticos eram os locais onde os representantes perdiam contato com "o verdadeiro país", e também onde perdiam o "sentido da verdade".[24] Assim, para os fascistas, a democracia parlamentar agia contra a verdade. A soberania popular não podia ser avaliada pela representação democrática. Além disso, para os fascistas, as eleições democráticas distorciam a verdadeira representação.

Como afirmou o ditador argentino José Felix Uriburu, "A palavra Democracia com D maiúsculo não faz mais sentido para nós... Isso não significa que não sejamos democratas, mas sim o quanto esperamos que em algum momento uma democracia com D minúsculo, porém orgânica e verídica, substitua a demagogia desordenada que nos tem feito grande mal".[25] Uriburu era, sobretudo, antiliberal. Ele queria uma forma ditatorial de "democracia" enraizada nas formas corporativistas de organização do Estado. O ditador argentino apresentava a democracia liberal como uma coisa do passado. Ele advertia aqueles que acreditavam "que a última palavra na política é o sufrágio universal... como se nada de novo houvesse sob o sol. As corporações deram grandeza e esplendor às Comunas italianas dos séculos XII e XIII e mais tarde degeneraram por causa da ação predominante dos príncipes". Uriburu apresentava o fascismo como uma nova realização de uma longeva tradição: "A união corporativista não é uma descoberta do fascismo, mas a adaptação modernizada de um sistema cujos resultados ao longo de uma extensa época da história justifica sua ressurgência".[26]

No fascismo, as eleições eram válidas somente se confirmassem a ditadura. Tendo dizimado toda a oposição na Guerra Civil espanhola – meio milhão de pessoas mortas, e mais ou menos o mesmo número de exilados –, Franco realizou um referendo em 1947, confirmando-se como chefe de Estado por toda a vida. Franco declarou que essa dúbia eleição fora extremamente "livre e calorosa". Sua máxima mentira era seu argumento de que ditadura e liberdade eram compatíveis. Para Franco, os antifascistas estavam mentindo quando insistiam que a liberdade era impossível sob seu regime. A mentira do inimigo era "tão virtual, que acabava decepcionando aqueles mesmos que a fabricam à força de repetição. Nosso triunfo os dominou. No entanto, não, não devemos nutrir grandes ilusões. A malícia é implacável, e devemos estar dispostos a defender, tenazmente e em todas as ocasiões, nossa verdade".[27]

Em 1938, Franco sustentava que o ataque letal dos fascistas contra a democracia espanhola se baseara em "argumentos derivados da defesa da verdade". O lugar de Franco na história da mentira fascista não foi ignorado pelo antifascista Pablo Picasso, que, pouco antes de concluir sua famosa tela *Guernica*, denunciando o fascismo e se referindo diretamente à matança de civis pelos bombardeios aéreos, tinha publicado um livreto com gravuras vigorosas do ditador, algumas delas relacionada a seus estudos para a famosa pintura subsequente. O livro era intitulado *Sonho e mentira de Franco*. Picasso apropriadamente via as conexões entre o papel que as mentiras e a violência fascistas desempenhavam na figura do ditador e nos métodos ditatoriais que ele representava, de um lado, e a realidade e a experiência, do outro.[28] As mentiras fascistas poupavam os seus seguidores de se envolverem com a realidade e com o sofrimento daquelas vidas que tinham sido atacadas e destruídas junto com a democracia.

O ditador espanhol projetava sobre seus inimigos o mesmo mecanismo que havia permitido a tantos fascistas acreditar na veracidade de suas próprias mentiras. Isso, de certo, é um padrão que vemos se repetir o tempo todo na história da fabricação fascista da verdade.

10

AS FORÇAS DA DESTRUIÇÃO

EM 1928, o fascista francês Georges Valois escreveu que, sob a democracia, dois mais três é igual a cinco, mas que na nova era de políticas nacionalistas dois mais três era igual a seis. O que Valois queria dizer é que, sob o fascismo, uma verdade atemporal substituiria a verdade lógica. Conforme ele explicou, na "vida burguesa, dois e três fazem cinco. Isso é indiscutível, segundo o espírito mercantil e jurídico. Na vida nacional, dois e três fazem seis, porque o espírito heroico se transforma".[1]

Essa mudança espiritual se aplicava tanto aos indivíduos quanto à comunidade nacional. A revolução fascista significava uma transformação radical do "eu" conforme o plano. Sob o fascismo, as forças políticas heroicas deveriam ser desencadeadas. Como temos visto, os fascistas buscavam o inconsciente como um projeto de autorrealização. Para eles, a busca pelos instintos podia conduzir à desordem e ao caos, mas, enquadrada dentro do fascismo, ela levava à dominação política. Como disse o intelectual fascista Massimo Scaligero, o fascismo impunha "ordem" sobre o "eu", "trazendo-o do plano da decadência inconsciente e da escuridão material para a luz da absoluta realidade, que é determinada e deliberadamente construída". Essa construção da realidade era o resultado de um ato de obediência à ideologia do líder. Demonstrando as profundezas dessa subordinação, o líder fascista e ministro da Educação Giuseppe Bottai escreveu para Mussolini, numa carta pessoal: "Coloquei minha própria consciência a serviço do líder". Os fascistas, segundo sua própria lógica, não se assemelhavam aos "neuróticos, os exaltados, e aqueles afetados pelo sentimentalismo egoísta". A obediência fascista representava a "tradução" do mundo interior do inconsciente para a ordem consciente absoluta do fascismo. Tratava-se de um ato de *forza*. Era o ato de comando na direção do "eu".[2]

De modo semelhante, Leopoldo Lugones afirmava que a vida era marcada pela "lei da força". A verdade era o resultado do poder: "A verdade constitui uma entidade metafísica, ou seja, uma concepção humana que corresponde também a vários estados de informação, a que chamamos cultura; e por esta razão existiram e sempre existirão muitas religiões e muitas filosofias". Mas Lugones não era um relativista: ele via todas essas "religiões e filosofias" como subordinadas ao "instinto de dominação". A pátria era o resultado desse instinto para restabelecer as hierarquias humanas essenciais. Assim, tratava-se de "um fenômeno de história natural". Lugones entendia seu realismo político como a emanação do "conceito de potência". Seu limite era o mesmo que a "capacidade para impor uma política".

Para ele, essa *"politica realitas"* estivera em progresso no Império Romano. A potência, a vontade de dominar os outros, era "a expressão dinâmica da soberania".[3]

O fascismo exigia a exploração do inconsciente, sua tradução em política e a vontade de lutar por uma fonte radical de violência e autenticidade. Essa obsessão fascista com o papel dos desejos violentos na política deixava Freud extremamente preocupado, e desencadeou uma mudança significativa na sua teoria do inconsciente. Apesar da ênfase fascista sobre os riscos da libido psicanalítica individualista, para Freud, a libido era realmente oposta às forças danosas do inconsciente, o que ele chamava de "instinto destrutivo". Foi justamente durante os anos de fascismo que Freud atribuiu a este último uma autonomia esmagadora a partir de Eros. Se antes, Eros e Tanatos tinham trabalhado mais ou menos em binômio, o fascismo representava a perda dessa frágil estabilidade. Segundo o tradutor de Freud para a língua inglesa, James Strachey, foi por causa do fascismo, e especialmente das ações de Hitler, que Freud conferiu uma autonomia crescente ao "instinto humano de agressão e autodestruição".

Em sua obra seminal de 1930, *O mal-estar na cultura*, Freud destacou a crescente importância política da destruição, uma dominação evolutiva que ele via em termos extremamente pessimistas. E escreveu: "Os homens têm conquistado controle sobre as forças da natureza a tal ponto que, com a ajuda delas, eles não teriam dificuldades para exterminar um ao outro até o último homem". Em 1931, Freud acrescentou uma única frase a este derradeiro parágrafo, a última no texto. Em relação à habilidade de Eros de se afirmar sobre a destruição, Freud perguntou: "Mas quem pode prever o sucesso e o resultado que obterão?".[4] Ele via essa pergunta como melancolicamente retórica. Numa carta pessoal, em 1936, ele escreveu: "O mundo está ficando tão triste que seu destino é uma rápida destruição".[5] Em resposta a um convite para deixar Viena e se instalar em Buenos Aires em 1932, Freud descreveu o nazismo como uma "ignomínia alemã". De modo mais abrangente, ele comparava o fascismo a uma "educação" brutal. O fascismo representava um "retrocesso à barbárie pré-histórica, e nada mais".[6]

O fascismo abominava a tentativa da razão de reprimir os desejos íntimos pela dominação política. Nesse sentido, ele era intuitivamente e quase dialeticamente o oposto da teoria de entreguerras de Freud sobre o inconsciente, assim como sobre os argumentos críticos feitos por Hannah Arendt, José Carlos Mariátegui, Theodor Adorno, Max Horkheimer, Ernst Cassirer, Jorge Luis Borges e muitos outros antifascistas contemporâneos.[7] Nesse contexto, podia-se argumentar que a resistência do fascismo à teoria crítica era essencialmente parte de sua reação pré-reflexiva à razão. Essa resistência estava arraigada em algo que Antonio Gramsci, provavelmente pensando sobre o fascismo, situava dentro do reino das fantasias políticas sobre o "eu" e seu papel subordinado no coletivo: a centralidade do misticismo e do sagrado no contexto da política.[8]

Adorno concordava, observando como a destruição estava no centro da base psicológica do "espírito fascista". Ao mesmo tempo que os programas fascistas eram "abstratos e vagos", as realizações fascistas eram falsas e ilusórias.

O fascismo possuía profundas raízes arcaicas. Ele representava a transformação "tosca" da doutrina cristã em slogans de "violência política". Ele envolvia revelação, pensamentos sacrificatórios, simulação e projeção. Adorno distinguia, nesse ponto, os líderes dos seguidores. Enquanto os primeiros frequentemente falsificavam sua religiosidade e crenças, afirmava ele, os últimos se permitiam ser enganados por mentiras. Eles queriam simplesmente crer religiosamente no ego esmagador do líder fascista. O líder confirmava sua "identidade básica" com os seguidores à base de insinuações. Então, Adorno se referia ao "papel atribuído por Freud às alusões na interação entre o consciente e o inconsciente". Os líderes projetavam seus desejos sobre inimigos e seguidores da mesma forma. Por outro lado, sua meta principal era a satisfação dos desejos destrutivos reprimidos de seus seguidores.[9]

Desejo e destruição (e o desejo de destruição) eram essenciais à ascensão do fascismo. O pensador antifascista peruano Mariátegui observou que Mussolini não tinha criado o fascismo; antes, "de um estado de emoção, ele extraiu um movimento político". Ele se perguntava como Mussolini podia soar tão convencido pelo fascismo quanto havia sido pelo socialismo: "Qual era o mecanismo do processo de conversão de uma doutrina para a outra? Não se tratava de um fenômeno cerebral. Esse era um fenômeno irracional. O motor por trás dessa mudança de atitude ideológica não era a ideia. Era o sentimento".[10]

De fato, já em 1914, Mussolini tinha justificado seu afastamento do socialismo como um resultado da necessidade de seguir "a nova verdade". O futuro líder associara essa verdade sagrada à violência.[11] Mariátegui concordava que Mussolini tinha conscientemente decidido deixar para trás o socialismo e aderir ao "culto à violência" fascista. Mas Mariátegui não acreditava que essa nova política fosse resultado de uma evolução pessoal. A nova fé de Mussolini havia sido ditada pelos seus seguidores. Estes esperavam dele uma realidade particular, e ele a forneceu. "Sua consubstanciação ideológica" foi a consequência de sua resolução de se identificar com as expectativas de seus seguidores fascistas.[12]

Gramsci, Adorno e Mariátegui, como Arendt e outros, não estavam finalmente dispostos a acreditar que os fascistas realmente e racionalmente pretendiam fazer o que diziam. Ainda assim, o fascismo encenou uma "teoria do 'eu' interior" baseada no papel político do inconsciente. O fascismo comparava essa passagem da inconsciência para a consciência com a revelação das verdades transcendentais. Para Adorno, essa noção da verdade estava duplamente enraizada na fetichização da realidade e das relações de poder estabelecidas. O fascismo equiparava o que era certo às noções redentoras de salvação. O líder sonhava com "uma união do horrendo com o maravilhoso". O resultado não se limitava apenas à morte e à destruição do inimigo, mas também do "eu". A estrutura do fascismo estava incrustada no "desejo psicológico inconsciente da aniquilação do 'eu'". Adorno advertiu seus leitores de que, embora os discursos de Hitler fossem "insinceros", as pessoas cultas estavam equivocadas ao se recusarem a levá-los a sério.[13] Arendt também enfatizava a dimensão alusiva do fascismo. As mentiras nazistas "aludiam a certas verdades fundamentais", nas quais acreditavam os "europeus ingênuos", e os levou ao "*maelström*" da "própria destruição".[14]

Enquanto muitos antifascistas descreviam o fascismo como uma busca por personificar ridículos atavismos, os fascistas buscavam as dimensões arcaicas perceptíveis do "eu". Eles viam nelas os núcleos da verdade. Essa é a leitura que Borges enfatizou em sua análise crítica do fascismo durante os anos de entreguerras. Ele também via o fascismo como "sentimental". Mas foi além disso. O fascismo era uma coletânea de sujeitos políticos que estavam, impossivelmente, estudando para se tornarem bárbaros. O fascismo queria estabelecer uma nova "moralidade". A plena fé que tinham no líder, a "adoração idolatrada dos *jefes*", levou os fascistas a acreditarem na magia e na reificação da violência total. Em 1938, Borges declarou: "O fascismo é um estado da alma. Na verdade, ele não requer de seus seguidores convertidos senão o exagero de certos preconceitos patrióticos e raciais que todas as pessoas têm".[15]

Os fascistas queriam superar a razão e retornar ao preconceito. Borges acentuou que os fascistas estavam engajados numa forma de raciocínio que representava a antítese da razão. Ele o chamava de a "monstruosa razão". Essa "razão" pretendia apoiar sua autoridade sobre a representação do "eu" interior, mas, na verdade, o fascismo só conseguia se apresentar como "impulsivo e ilógico".[16] Notoriamente, o retorno fascista do reprimido era um ato consciente. Na prática, e longe de ocorrer intuitivamente, a autoimersão do fascista conduziu a uma doutrina de destruição. A autoconsciência fascista levou à equação de poder, verdade e violência.

Conforme concebida num registro fascista, a consciência representava uma asserção desejada de verdadeira soberania. Mussolini articulava essa tese em 1925, explicando que no fascismo uma população genérica se tornava "um povo consciente". Para o Duce, era nesse momento que "a verdadeira história se tornava o pão do espírito consciente dos italianos".[17] Nesse ponto, a história foi transformada em mito. Seu objetivo era a destruição de todo vestígio de verdade demonstrável.

■ EPÍLOGO
A GUERRA POPULISTA
CONTRA A HISTÓRIA

Seja escrevendo suas memórias na Argentina ou em Jerusalém, seja falando ao inspetor de polícia ou ao tribunal, o que ele dizia era sempre o mesmo, expresso com as mesmas palavras. Quanto mais era escutado, mais óbvio se tornava que sua inabilidade para falar estava intimamente conectada a uma incapacidade de pensar, precisamente, pensar a partir do ponto de vista de outra pessoa. Nenhuma comunicação era possível com ele, não porque mentisse, mas porque ele estava cercado pela mais confiável de todas as salvaguardas contra as palavras e a presença de outros, e, assim sendo, contra a realidade enquanto tal.
HANNAH ARENDT, *Eichmann in Jerusalem*, 1965.

DURANTE DÉCADAS, os líderes populistas têm estado ao mesmo tempo destruindo o registro histórico num sentido literal e manipulando a memória e as experiências das vítimas do fascismo, tudo isso para obter ganho político. Suas ações fazem parte de um padrão mais profundo, que confunde mentiras com a verdade. A ascensão do trumpismo em 2016 revelou pouca novidade, mas o fato de o populismo agora governar o país mais poderoso do planeta trouxe esse problema para a linha de frente. Segundo o *Washington Post*, o recorde de mentiras do presidente Trump o coloca num patamar diferente do de outros políticos. Como o jornal o expressou, "É (quase) oficial: o presidente dos Estados Unidos é um mentiroso". Em termos mais diplomáticos, o *New York Times* observou que existe uma "verdade em relação à sua presidência: más notícias sobre ele são falsas até que ele diga o contrário". Muitos de seus críticos chegam a se perguntar se ele teria alcançado um nível orwelliano da mentira.[1] Orwell observou, em seu romance *1984*: "O partido lhe disse para rejeitar a evidência dos seus olhos e ouvidos. Era esta sua ordem derradeira e a mais essencial".[2]

A atribuição dessa dimensão literária ao trumpismo ilumina as conexões entre a história das mentiras fascistas analisadas neste livro e o presente. O trumpismo já alcançou um lugar proeminente na história da mentira política. Mais especificamente, ele incorpora um novo capítulo numa longa história que conecta o fascismo de entreguerras e o populismo contemporâneo. O trumpismo pertence claramente à longa história de fabricação de uma verdade alternativa, uma "verdade" que depende das percepções e dos desejos do líder.

Como ocorreu com a confluência das verdades de Hitler e de Mussolini com a infalibilidade do líder, o trumpismo adere à ideia de que a luz-guia do movimento incorporava uma natureza divina, de que ele era um homem diferente de todos os outros homens. Ele não era somente, como ele próprio imodestamente se descreveu, "bonito, esperto, um verdadeiro Gênio Estável!", mas também, como a secretária de Imprensa da Casa Branca, Sarah Sanders, sugeriu, uma mão de Deus. Como disse Sanders, "Eu penso que Deus chama cada um de nós para ocupar diferentes papéis em ocasiões diferentes, e eu acho que ele queria que Donald Trump se tornasse presidente, e é por isso que ele está aí". O próprio Trump identificava sua política com um mandato religioso, chegando a reivindicar uma relação entre legalidade, o Estado e o divino: "Nossos direitos não nos são dados pelos homens; nossos direitos nos são dados pelo nosso criador... Não importa o que aconteça, nenhuma força terrena pode nos retirar esses direitos". O *leitmotiv* antissemita de que os judeus americanos são desleais ao país foi reafirmado por Trump quando ele reivindicou, numa entrevista, que os judeus que votam nos democratas estavam mostrando "ou uma total falta de conhecimento ou uma grande deslealdade". Segundo sua lógica, ao ignorar ou trair a verdade do líder, os judeus americanos estavam sendo infiéis tanto em termos religiosos quanto políticos. Mais tarde, ele redobrou essa posição agradecendo, pelo Twitter, a um teórico da conspiração de extrema-direita, que declarara que os israelenses "amavam [Trump] como o segundo advento de deus". Deus e a metáfora de Trump como deus se fundiram no trumpismo. Quando questionado sobre Deus, o próprio Trump respondeu louvando o Senhor e sua própria persona, suas transações comerciais e sua liderança. Mais diretamente, o diretor de campanha de Trump afirmou que o presidente foi enviado por Deus para salvar o país.[3] O amálgama do líder com Deus se tornou um artigo religioso para os trumpistas, como havia sido o caso dos fascistas.

Mussolini confiava nessa ideia de inspiração divina para proferir as mais ultrajantes mentiras. Conforme temos visto, a propaganda fascista afirmava que o líder fascista estava sempre certo. Hitler tornou essa ligação com o divino ainda mais explícita; embora Hitler raramente desse crédito a quaisquer fontes de inspiração exterior a seu próprio gênio, enquanto homem ele se modelava no Papa. O Fürher declarou: "Por meio desta, eu apresento por mim mesmo e por meus sucessores na liderança do Partido a reivindicação de infalibilidade política. Espero que o mundo venha a se acostumar a esta reivindicação como o fez à reivindicação do Santo Pai".[4]

Goebbels, o mestre da propaganda que ajudou a transformar Hitler num mito vivo, realmente acreditava que Hitler era um "gênio" e tinha sido enviado por Deus para salvar a Alemanha. A propaganda fascista distribuía e até criava sua própria prova de sucesso. Mesmo os "seus próprios diários [de Goebbels], que seriam publicados postumamente, também pretendiam formar parte da documentação de seu sucesso".[5] Não havia diferença entre documentação e invenção.

A propaganda nazista forjou um mito de Hitler que não podia ser provado factualmente, ou seja, de que ele era um deus que descera do céu. Mas os nazistas não pensavam literalmente assim. Como todo mundo, eles podiam ver que seu líder aterrizara num avião. No entanto, para eles, a chegada de Hitler era uma metáfora extraída da suprema verdade da ideologia. Eles acreditavam em sua realidade. As imagens de Hitler, seja em filmes como *O triunfo da vontade* ou em propagandas estatais, eram metáforas de uma fé, uma verdade que estava além da necessidade de ser provada.

Que distância separa o mundo populista do trumpismo da fusão fascista de infalibilidade, verdade e Deus? De fato, muitos americanos acreditaram que a vitória de Trump no colégio eleitoral havia sido obra de Deus. Como um dos apoiadores cristãos de Trump declarou, "Milhões de americanos [...] acreditam que a eleição do presidente Trump representou uma segunda chance dada por Deus – talvez nossa última chance de tornar a América realmente grande outra vez".[6] O próprio Trump parecia acreditar em seu próprio mito. Ele acreditava em sua "sabedoria imensa e incomparável". Ele não podia jamais estar errado. Como se podia esperar, quando foi questionado em 2019 sobre uma mentira que ele dissera relacionada à Rússia e à Venezuela, Trump respondeu que se a realidade não correspondia com suas declarações agora, elas logo se tornariam verdade. Seu raciocínio não dependia de nenhum tipo de evidência empírica, mas da crença em sua inata e absoluta confiabilidade. Discutindo com jornalistas no Salão Oval, Trump disse: "Muito bem, vamos ver quem tem razão". Ele lhes perguntou: "Sabe o que vocês vão fazer? Vocês vão ver quem tem razão no final, ok? Fiquem atentos. Ok? E veremos quem tem razão. No final das contas, eu estou sempre com a razão".[7]

A ideia de que a voz sem intermediário e inquestionável do líder representa a verdade funciona em binômio com a fantasia de que a mídia tradicional nada tem a oferecer ao público senão mentiras. As falsidades sobre a extensão das fraudes sempre que o presidente não apreciou os resultados eleitorais são cruciais para essa história *trumpista* das mentiras.

Quando era candidato presidencial em 2016, Donald Trump se recusou a se comprometer a aceitar os resultados, caso perdesse a eleição. Após vencer, Trump declarou em várias ocasiões que Hillary Clinton tinha vencido na votação popular simplesmente por causa de votos fraudulentos, uma acusação desprovida de qualquer evidência. Como disse um antigo conselheiro da Casa Branca, "Então, ele criou uma comissão dirigida pelo vice-presidente Pence e pelo secretário de Estado do Kansas, Kris Kobach, para investigar essas fraudes eleitorais, mas, depois de fracassar na apresentação de provas de votação ilícita e ser processada por um de seus próprios membros por operações ilegais, a comissão foi abruptamente desfeita".[8] Trump mentiu ao dizer que perdera em New Hampshire por causa das fraudes executadas pelos eleitores liberais de Massachusetts. Ele mentiu sobre as conexões entre sua campanha presidencial e a Rússia.

Mas talvez a mentira mais óbvia de todas tenha sido sobre a natureza histórica de sua vitória. Ele declarou que os "Democratas [...] sofreram uma das maiores derrotas na história da política neste país". Como a Rádio Pública Nacional (NPR, em inglês) mostrou, a alegação de Trump sobre a natureza histórica de sua vitória (e a derrota de sua adversária) foi contestada pelos resultados reais: "Trump conquistou 306 votos de colégios eleitorais, e Clinton, 232 [...] Mas é difícil argumentar que isso represente uma derrota histórica de proporções esmagadoras, considerando que em 58 eleições presidenciais o vencedor recebeu maior votação nos colégios eleitorais em 37 disputas".[9] Mentir sobre a história se tornou crucial para a construção de Trump da verdade.

Por que Trump é tão obcecado e por que mentiu tantas vezes sobre questões relacionadas à sua eleição? Historicamente, o populismo transforma eleições em confirmações plebiscitárias de uma verdade ideológica sobre o líder. Após vencê-las, o populismo finge que seu líder eleito personifica o povo e se torna seu único representante verdadeiro. As eleições constituem a essência da legitimação porque elas funcionam para confirmar a soberania do caudilho populista. Nesse sentido, o populismo é bem diferente do fascismo, onde não há espaço para eleições expressivas.[10]

***

Tanto o fascismo quanto o populismo apelam para a trindade política – líder, nação e povo –, como sua principal fonte de legitimação. Em ambas formações não há contradição entre o povo, a nação e a representação do povo na pessoa do líder. Essas ideologias acreditam na personificação como representação, o que significa, na verdade, que apreender a vontade popular é tarefa inteiramente delegada ao líder. Esse mito tríptico de representação se apoia na fantasia de que, de algum modo, um líder único é o mesmo que uma nação e seu povo – uma identificação de uma pessoa e dois conceitos. No fascismo, porém, essa personificação não exigia qualquer mediação racional ou processual, tal como a representação eleitoral.[11] Em contraste, no populismo, as eleições são importantes na confirmação da verdade da supremacia divina do líder, e espalhar mentiras sobre elas é uma parte fundamental para a manutenção da ideia do líder sobre seu lugar na história.

Ao vencer eleições plebiscitárias, o líder populista confirma a dupla natureza de seu poder; ele é, ao mesmo tempo, um representante eleito e um guia quase transcendental do povo. Como Perón dizia frequentemente, "O povo deveria saber [...] que o guia nasceu. Ele não é fabricado por decreto nem por eleições". Ele acrescentava: "É essencial que o guia encontre seus moldes, a fim de preenchê-los mais tarde com um conteúdo que estará em relação direta, conforme sua eficiência, com o óleo sagrado de Samuel que o guia recebeu de Deus".[12]

A ideia de encarnação eterna conduziu no fascismo, e o mesmo ocorre no populismo, à proclamação da infalibilidade do líder, chegando ao ponto de a seleção do líder representar a última oportunidade para a nação. Esse sentido de emergência e de perigo iminente para a nação e o povo é um resultado da projeção do líder de posições aliadas-hostis e de estratégias militares sobre as intenções de seus opositores. Como o então candidato Trump afirmava, referindo-se à eleição presidencial iminente de 2016, "Para eles [os inimigos] é uma guerra, e para eles nada está fora dos limites. Trata-se de uma luta pela sobrevivência de nossa nação, acreditem em mim. E essa será nossa última chance de salvá-la, em 8 de novembro – lembrem-se disso". Trump disse a seus seguidores que sua eleição simbolizava "nosso dia da independência". Perón também associava sua própria eleição em 1946 à segunda "independência", afirmando que "Deus me trouxe à Terra para dar independência e liberdade ao povo argentino". Ele também identificava sua liderança com uma longa história de conquistadores militares que eram, como ele, guias do povo: "A história do mundo, através dos exemplos de Alexandre, Júlio Cesar, Frederik ou Napoleão, mostra que a vitória pertence àqueles que sabem levantar e guiar o povo".[13]

Se o populismo moderno, quando conquistou o poder depois de 1945, reformulou o fascismo num registro democrático, os novos populistas da direita contemporânea estão se aproximando do sonho fascista da destruição da história e de sua substituição pelo mito do líder infalível. Os antigos líderes populistas hesitavam um pouco em mudar radicalmente o registro histórico, como os fascistas tinham feito. Isso mudou com os populistas de direita deste novo século. Eles estão desconstruindo sua própria história, especialmente em relação à história do próprio fascismo.

A distorção da história fascista em geral, e da história nazista em particular, tem sido um aspecto fundamental da nova tendência populista. O primeiro-ministro de Israel, Benjamin Netanyahu, eventualmente aliado aos partidos racistas e xenófobos em Israel e no exterior, também distorceu a história do Holocausto para servir a seus próprios interesses, mais recentemente sugerindo que um líder palestino pró-nazista de entreguerras fora um ator importante no extermínio de judeus europeus.

Segundo Netanyahu, em 1941, Adolf Hitler pediu um conselho ao mufti: "O que eu devo fazer com eles?". O mufti respondeu: "Queime todos".[14] Não há evidência alguma de que esse diálogo tenha um dia acontecido. De modo semelhante, o caudilho americano Donald Trump denunciou seus inimigos por supostamente adotarem táticas da Gestapo, mas também atacou os "antifas" e alegou que mesmo entre os neonazistas havia "pessoas boas".[15]

Por que os líderes populistas querem perdoar, distorcer ou desviar a história real do nazismo e do fascismo? Porque, como esses líderes bebem na fonte da ideologia, retórica e táticas fascistas, eles precisam neutralizar a história do fascismo, a fim de normalizar suas políticas. A revisão da história do fascismo a torna mítica em vez de histórica, sugerindo que o fascismo do passado não era ruim – ou que não era sequer fascismo. Isso é, claramente, uma mentira.

Reescrever a história é, portanto, essencial para o projeto populista. No Brasil, o presidente Jair Bolsonaro está fazendo isso não só com os nazistas, mas também com a história de seu próprio país. Para aqueles que se preocupavam com a defesa de Bolsonaro da violência política e com seu desejo de expandir os poderes da presidência, seu esforço em camuflar o passado ditatorial do país foi um sintoma de um padrão mais amplo – e profundamente inquietante – de mentira populista sobre a história.

Em 2019, Bolsonaro quis celebrar oficialmente o golpe de 1964, que se tornou a mais assassina ditadura militar da história do Brasil. Além disso, ele afirmou equivocadamente que a ditadura havia estabelecido a democracia no Brasil, chegando a argumentar que ela não teria sido de fato uma ditadura. Em 2018, Bolsonaro conversou com Viktor Orban, o líder populista, autocrático e racista da Hungria, e afirmou que o povo brasileiro não sabia o que era uma ditadura, insinuando que a Junta Militar que comandou o país de 1964 a 1985 não podia ser assim classificada. Essa tentativa não foi diferente da clássica mentira fascista de que ditaduras fascistas foram formas verdadeiras de democracia. Como os historiadores do fascismo que sepultaram essas mentiras, os historiadores do Brasil que estudaram o regime autoritário mostraram o oposto. E, segundo a Comissão da Verdade, a ditadura brasileira que Bolsonaro queria comemorar foi responsável, entre outras coisas, pelas mortes e desaparecimentos de 434 de seus opositores, assim como pelo massacre de mais de 8 mil indígenas.

A normalização por parte de Bolsonaro, e mesmo sua celebração de um regime assassino, não se limitou apenas à sua interpretação da história brasileira. Ele elogiou fartamente diversos ditadores, incluindo o presidente chileno Augusto Pinochet, que foi preso por inúmeras violações aos direitos humanos, e o presidente paraguaio Alfredo Stroessner, que manteve a nação sob lei marcial por quase 35 anos. Ao declarar que esses ditadores eram os salvadores de seus países, líderes como Bolsonaro e Trump substituem a história pelo mito. O passado tem se tornado uma parte indispensável daquilo que Hannah Arendt identificava como a fabricação e a centralização da mentira. Conforme citei na epígrafe deste capítulo, para Arendt, quando seguidores passam a acreditar nessas mentiras, eles são incapazes de olhar a realidade como tal. Nesse contexto, os políticos usam "falsidades deliberadas como uma arma contra a verdade".[16] Como observou a historiadora Ruth Bem-Ghiat em relação à profunda conexão de Trump com as máquinas de propaganda de Estados autoritários no passado, "Desde que assumiu a presidência, Trump instalou um aparato de informação que o apresenta, assim como a seus apoiadores, como os únicos árbitros da verdade, e que rotula seus críticos como sectários fornecedores de falsidades".[17] Nesse mundo revisionista, as visões mais irracionais, messiânicas e paranoicas são apresentadas desonestamente como História.

Como Trump, o estilo e a substância de Bolsonaro, banhados em violência política, chauvinismo nacional e glorificação pessoal são características fascistas essenciais. Mas é sua manipulação da história que revela verdadeiramente como o bolsonarismo liga o populismo ao fascismo. Ele tem descaradamente usado a história como mera ferramenta de propaganda. Sua decisão de celebrar o golpe de 1964 foi reminiscência dos fascistas clássicos, como Hitler e Mussolini, que, após serem escolhidos e indicados para liderar governos de coalisão, destruíram a democracia de dentro para fora. Como governantes, eles inventaram um passado mítico que identificava imperadores e guerreiros heroicos como simples predecessores de seus regimes. Talvez com menor grandiosidade que o Duce e o Fürher, Bolsonaro visava associar seu próprio regime ao dos ditadores latino-americanos do passado. Se os líderes fascistas criaram um mito do fascismo que os estabelecia como encarnações vivas de um passado glorioso inventado, Bolsonaro inventou e depois buscou personificar uma era mítica das ditaduras latino-americanas. Ainda não está claro até onde pode ir Bolsonaro no trajeto do populismo para o fascismo. Populistas de direita, como Bolsonaro, não traduzem automaticamente suas retóricas radicais e sua celebração das memórias do fascismo e da ditadura em práticas fascistas ou ditatoriais. Evidentemente, populistas como Bolsonaro, Orban, Trump e Matteo Salvini, na Itália, executam políticas de discriminação, violência e desigualdade crescentes. Mas, até agora, eles têm feito isso sem fraturar inteiramente a democracia. Suas atitudes mais antidemocráticas são simbólicas. Os ataques aos inimigos políticos – por ora – não vão além de palavras. E aí se encontra uma diferença entre fascismo e populismo. Os líderes populistas preferem a retórica violenta e as mentiras sobre o "eu" e o inimigo, sem apoiá-las com ações violentas. Como declarou o general Juan Domingo Perón, primeiro populista a chegar ao poder após a queda do fascismo em 1945, ele era um "leão herbívoro".[18]

Será Bolsonaro esse tipo de leão pacífico, que ruge mas não devora? E será este também o caso de Trump? Ou são eles verdadeiros leões do fascismo? Numa declaração que Trump elogiou e partilhou pelo Twitter, Mussolini disse que "é melhor viver um dia como um leão do que 100 anos como um cordeiro". Numa veia similar, Goebbels apresentou Hitler como um "leão estrondoso, grandioso e gigantesco". A figura do leão significava que lutar e matar, seja numa guerra civil ou entre nações, eram dimensões importantes e inevitáveis da política. Essas ideias de violência e guerra estavam intimamente relacionadas à fé religiosa que esses líderes exigiam de seus seguidores, utilizando símbolos e linguagem a partir dos textos e liturgia cristãos para retratar a si mesmos como redentores dos tempos modernos. Essa é uma das razões pelas quais essas percepções de perseguição os animam.

Ao alimentar a imagem de salvador ou mártir que deseja construir, Trump se apresenta como o líder mais perseguido da história e aproveita a oportunidade para se queixar de que toda investigação de seus supostos crimes é uma "caça às bruxas" ou perseguição. Em 2019, no contexto de um inquérito parlamentar de impeachment, Trump aprovou e compartilhou os comentários de um pastor que avisava: "Se os democratas tiverem sucesso retirando o presidente do poder (algo que jamais acontecerá), isso provocará uma Guerra Civil, que será uma fratura nesta nação, da qual nosso país nunca há de se curar".[19] As visões apocalípticas do pastor trumpista são amplamente partilhadas pelos mais fanáticos seguidores de Trump. A dedicação à "verdade" do líder parece garantir que ela transcenda a ética e o senso comum – e justifica seus atos mais ofensivos e aparentemente ilegais. Como Trump e seus predecessores fascistas, Bolsonaro vê uma guerra civil como um ideal político.[20] Essa ideia da política como um campo de batalha pseudorreligiosa do tudo ou nada entre a verdade sagrada e as mentiras do inimigo demoníaco explica por que a violência política é preferível à derrota eleitoral do líder. Enquanto Mussolini afirmava que o "fascismo acredita na santidade do heroísmo", os seguidores de Bolsonaro o chamam literalmente de "mito" e o consideram um herói de proporções épicas, um guerreiro cristão dos valores do patriotismo e da família, no qual se deve confiar sem fazer perguntas. Depois de ganhar a eleição em 2018, Bolsonaro disse aos brasileiros: "Temos que nos acostumar a viver com a verdade. Não há outro caminho. Graças a Deus, esta verdade é compreendida pelo povo brasileiro". Ele se identificava plenamente com essa verdade transcendental porque iria cumprir uma "missão divina".[21] Sem dúvida, Bolsonaro se situa na fronteira entre a ditadura fascista e a forma democrática do populismo. Quando quer celebrar a ditadura e camuflar o passado nazista, ele se parece muito pouco com os populistas clássicos como Perón, e muito mais com Hitler e Mussolini. O mesmo pode ser dito sobre a celebração de Trump dos apelos para que se atirasse nos imigrantes, ou suas reiteradas observações racistas e suas medidas contra os hispânicos, muçulmanos e outras minorias.

O pano de fundo de todos esses casos é uma noção da verdade inteiramente incorporada numa história mais longa das mentiras fascistas. Aquilo que Trump, por exemplo, acredita ser a verdade é uma mera mentira. Por conta dessa recusa em aceitar a realidade tal como ela é, ele e muitos outros líderes têm sido equivocadamente qualificados como dementes.[22] A ideia de denunciar a tais líderes como loucos tampouco é nova. Líderes populistas e fascistas têm, com frequência, sido chamados de malucos. Mas em vez de diagnosticar com exatidão a situação, essa visão reflete a confusão de uma oposição perante uma nova forma de política que transforma verdades em mentiras e mentiras em verdades – uma confusão que tem historicamente conduzido à inação diante do autoritarismo e suas intoleráveis consequências.

Adolf Hitler foi tratado por diversos de seus oponentes como um louco mentiroso. Essa preguiça conceitual, perpetuada por tantos antifascistas à época do Holocausto, contribuiu para o sucesso do nazismo. Ao descartar Hitler como um charlatão patético e impulsivo, eles conseguiram ignorar que ele planejava friamente a guerra e o genocídio, enquanto gerava um amplo consenso sobre isso em meio à população alemã. À medida que Hitler criava novas realidades, ele fazia com que o mundo se parecesse cada vez mais com as mentiras que contava.

Mais amplamente, a apresentação desses líderes como enganadores ridículos, uma ideia concentrada em seu estilo e não no conteúdo ideológico racista e profundamente violento de suas mensagens, revelou-se uma distração das consequências reais de suas práticas e políticas. Essa concepção errônea dos líderes fascistas como doentes mentais também funcionou, imprecisamente, para separar os líderes "anormais" de seus seguidores, supostamente confusos, porém sãos. E dissociou a ideologia política, incluindo o racismo e o antissemitismo, assim como as mentiras fascistas, da análise política, resultando numa incapacidade de criar uma oposição clara e eficaz contra as agendas desses líderes.

Essa tendência de usar enfermidades mentais ou distúrbios psiquiátricos como uma explicação para as mentiras e ações de tais líderes aumenta a incompreensão geral sobre os motivos que os tornam bem-sucedidos: um impulso narcísico que os converte em figuras geniais veneradas, vozes absolutas do povo que conhecem melhor que o próprio povo o que ele, o povo, realmente quer. Eles detêm a "verdade", uma verdade que nada tem a ver com corroboração e demonstração empírica.[23]

Ao apresentar líderes irracionais como loucos, trapaceiros ou ambos, marcam-se alguns pontos políticos mais fáceis. Entretanto, a longo prazo, um foco na insanidade do líder mitômano, e não na ideologia mítica dele e de seus seguidores, ofusca o fato mais importante em relação à sua liderança: suas mentiras fundamentalmente autoritárias e suas fantasias racistas sobre o mundo se tornam constantemente normalizadas e defendidas por um vasto segmento de pessoas, assim como por membros de partidos importantes. Trump estava provavelmente certo ao supor que muitos de seus seguidores partilhavam sua crença racista de que o Haiti e as nações africanas são "buracos de merda".[24] Embora o trumpismo tenha importantes dimensões intolerantes e antidemocráticas, nada há de novo ou patológico nisso. A história dos populistas no poder, de Juan Perón a Silvio Berlusconi, e de líderes fascistas como Hitler e Mussolini antes deles, está cheia de tendências autoengrandecedoras e mitificantes – tendências que foram plenamente defendidas e, por vezes, iniciadas pelos seus partidos e seguidores.

O desprezo e as explicações simples sobre a estupidez dos fraudadores autoritários e seus ingênuos seguidores, na verdade, não esclarecem grandes coisas. Ao contrário, isso é sintomático de uma recusa a entender aquilo de que podemos não gostar: a encarnação mítica da verdade que conduz a sua dizimação. Trump é um populista extremo com uma agenda xenófoba e anti-igualitária. Políticas programáticas e vitórias eleitorais contra ele são mais importantes para a vida democrática atual e futura do que a avaliação de seu estado psiquiátrico ou do que estereotipá-lo como um vigarista. Ele não mente por ser um louco trapaceiro; ele mente por pertencer a uma tradição política que propõe uma noção alternativa da verdade que emana de uma sagrada infalibilidade do líder. O racismo e a misoginia que brotam da Casa Branca são políticas, tentativas de transformar a realidade de maneira a aproximá-la da fantasia. Isso não pode ser ignorado.

Além disso, deveríamos nos perguntar por que os críticos dos populistas autoritários frequentemente não vão além do uso simplório de adjetivos, e mesmo de insultos. Ao *anormalizar* Trump, normaliza-se o restante do panorama norte-americano, como se Trump fosse um incidente episódico numa história imaculada de pluralismo, igualdade e respeito à verdade histórica. Esse nunca foi o caso nos Estados Unidos, não mais do que no resto do mundo. De fato, as formas do populismo de extrema-direita que emergiram durante a Guerra Fria (o macartismo e, mais tarde, as candidaturas presidenciais de Barry Goldwater e George Wallace) são importantes antecedentes americanos para se compreender o apelo das ideias repressivas de Trump, suas mentiras racistas e seu estilo autoritário.

Globalmente, a mitificação trumpista tem uma história que inclui líderes fascistas e populistas como Juan Perón na Argentina e Getúlio Vargas no Brasil, no primeiro período após a guerra, e, mais recentemente, Hugo Chávez e Nicolás Maduro na Venezuela. Enquanto um populismo moderno no poder, o trumpismo representa uma forma extrema do pós-fascismo, uma democracia antiliberal, autoritária e frequentemente anticonstitucional com um raciocínio político próprio. Trata-se de uma formação política com uma noção mítica da verdade. Como os fascistas, os populistas substituem a verdade histórica por ideias falsas sobre um passado glorioso que seus líderes prometem ressuscitar. Esse é o contexto para se entender o vazio histórico de uma expressão como "Make America Great Again". O líder traz de volta à vida um passado que jamais existiu. Isso estava no centro da fabricação fascista da verdade. E é também uma força motriz crucial do populismo moderno de direita.

Irá a ascensão de líderes como Bolsonaro, Trump e Orban levar a um fascismo do século XXI? Isso ainda não está claro. É provavelmente (e felizmente) improvável que uma inflexão política assim aconteça, mas a devoção inquietante desses políticos a mentiras míticas cada vez mais extremas deveria ser um sinal de alerta, para aqueles que acreditam na democracia, de que é necessário resistir ao iliberalismo crescente e aos renovados impulsos fascistas, não apenas por meio dos votos e de protestos, mas também através da defesa da história.

■ AGRADECIMENTOS

ESTE PEQUENO LIVRO é o resultado de muitas conversas em diversos países. Inicialmente, eu apresentei seu principal tema com uma série de palestras na Universidade de Macerata em 2013 e, depois, as elaborei ao longo dos anos em três continentes. Gostaria de agradecer aos alunos dessa estimada universidade italiana, assim como aos estudantes da New School, em Nova York. Agradeço igualmente a Amy Allen, Ben Brower, Amy Chazkel, Valeria Galimi, Luis Herrán Ávila, Aaron Jakes, Andrea Mammone, Nara Milanich, Pablo Piccato, Caterina Pizzigoni e Angelo Ventrone pelos seus comentários e sugestões sobre diferentes partes deste livro. Agradeço também a Giulia Albanese, Melissa Amezcua, Andrew Arato, Borja Bauzá, Chiara Bottici, Richard Bernstein, Fabián Bosoer, Magdalena Broquetas, Antonio Costa Pinto, Donatella Di Cesare, Richard Evans, Oz Ftankel, Maximiliano Fuentes Codera, Fabio Gentile, Emmanuel Guerisoli, a saudosa Agnes Heller, Reto Hofmann, Andreas Kalyvas, Claudia Koonz, Daniel Kressel,

Dominick LaCapra, Simon Levis Sullam, Sandra McGee Deutsch, David Motadel, Jose Moya, Julia Ott, Elias Palti, Raanan Rein, Sven Reichardt, Daniel Rodriguez, Gema Santamaria, Hector Raul Solis Gadea, Michael Steinberg, Ann Laura Stoler, Nathan Stoltzfus, Alberto Spektorowski, Enzo Traverso, Nadia Urbinati, Jeremy Varon e Nikolai Wehrs.

Meus profundos agradecimentos a Kate Marshall, minha editora ideal da UC Press. Na UC Press, quero igualmente agradecer a Tim Sullivan, diretor de imprensa; a Enrique Ochoa, Dore Brown e Sheila Berg pelo seu perspicaz e criterioso copidesque.

Agradeço a meus pais, Norma e Jaime, e a meus irmãos Inés e Diego. Como sempre, é imensa minha gratidão para com minha esposa, Laura, e minhas filhas, Gabriela e Lucia.

***

Uma versão em italiano significativamente mais curta do presente livro foi publicada em 2019 pela EUM. Partes deste livro foram publicadas sob forma bem diferente nos jornais *Constellations* (2016) e *Hispanic American Historical Review* (2007).

■ NOTAS

PREFÁCIO À EDIÇÃO BRASILEIRA

1. Essas reflexões (assim como as citações também) foram extraídas de artigos que escrevi como colaborador da excelente iniciativa que é *Agenda Pública/El País*. Ver "Coronavirus, mentiras y muerte", *Agenda Pública/El País*, 21 de março de 2020, <http://agendapublica.elpais.com/coronavirus-mentiras-y-muerte>; "El coronavirus y la tentación autoritária", *Agenda Pública/El País,* (escrito junto à virologista Laura Palermo), 26 de fevereiro de 2020. Ver também, sobre isso, o texto que escrevi com o filósofo Jason Stanley, "The Fascist Politics of the Pandemic", *Project Syndicate*, 4 de maio de 2020, <https://www.project-syndicate.org/commentary/coronavirus-fuels-fascist-politics"-by-federico-finchelstein-and-jason-stanley-2020-05>. Sobre Orban, ver os comentários de Kim Scheppele em "How Viktor Orbán Used the Coronavirus to Seize More Power", *The New Yorker*, 9 de abril de 2020.

INTRODUÇÃO

As epígrafes dos capítulos foram extraídas das seguintes fontes: Donald J. Trump, citado em "A New Peak in Trump's Efforts to Foster Misinformation", por Philip Bump, *Washington Post*, 25 de julho de 2018; Adolf Hitler em *Hitler: Speeches and Proclamations, 1932-1945*, ed. Max Domarus (Londres: Tauris, 1990); Benito Mussolini em *Opera omnia* de Benito Mussolini, ed. Edoardo e Dulio Susmel (Florença: LaFenice, 1951-1962), v. 19, p. 114.

1. Max Horkheimer, *Between Philosophy and Social Science* (Cambridge, MA: MIT Press, 1993), p. 278.
2. Ver Hannah Arendt, "Truth and Politics", *The New Yorker*, 25 de fevereiro de 1967; Alexandre Koyré, "The Political Function of the Modern Lie", *Contemporary Jewish Record*, n. 8 (1945), p. 290-300; Agnes Heller, *La verità in politica* (Romea Castelvecchi, 2019); Jacques Derrida, *Historia de la mentira: Prolegómenos* (Buenos Aires: Universidad de Buenos Aires, Facultad de Filosofía y Letras, 1995). Ver também Martin Jay, *The Virtues of Mendacity: On Lying in Politics* (Charlottesville: University of Virginia Press, 2010); Timothy Snyder, *The Road to Unfreedom* (Nova York: Tim Duggan Books, 2018).
3. "In Texas Gunman's Manifesto, an Echo of Trump's Language", *The New York Times*, 5 de agosto de 2019.
4. Ver Jason Stanley, *How Fascism Works* (Nova York: Random House, 2018), p. 56. Sobre linguagem trumpista e nazismo, ver, de Michelle Moyd e Yuliya Komska, "Donald Trump Is Changing Our Language. We Need a Vocabulary of Resistance", *The Guardian*, 7 de janeiro de 2017.

5. Ver Federico Finchelstein, "Why Far-Right Populists Are at War with History", *Washington Post*, 23 de abril de 2019; Federico Finchelstein, "Cuando el populismo potencia al fascismo", *The New York Times Es*, 21 de maio de 2019; Federico Finchelstein, "Jair Bolsonaro's Model Isn't Berlusconi. It's Goebbels", *Foreign Policy*, 5 de outubro de 2018.

6. Ishaan Tharoor, "Trump Goes Soft on Terrorism", *Washington Post*, 6 de agosto de 2019.

7. Ver meu prefácio para a edição em brochura de *From Fascism to Populism in History* (Oakland: University of California Press, 2019), p. xvii-xix.

8. Como observou Joan Wallach Scott, "Trump insiste, com típica demagogia, que suas mentiras são verdades óbvias. Seus seguidores encontram algumas verdades inerentes e mais profundas nessas mentiras. E ele obtém deles uma energia populista que carece de qualquer consciência ou responsabilidade social." Joan Wallach Scott, "Political Concepts: A Critical Lexicon", <www.politicalconcepts.org/trump-joanwallach-scott/#ref20>.

9. Ver James Q. Whitman, *Hitler's American Model: The United States and the Making of Nazi Race Law* (Princeton, NJ: Princeton University Press, 2017).

10. Jonathan Watts, "Amazon Deforestation: Bolsonaro Government Accused of Seeking to Sow Doubt over Data", *The Guardian*, 31 de julho de 2019; Ernesto Londoño, "Bolsonaro Fires Head of Agency Tracking Amazon Deforestation in Brazil", *The New York Times*, 2 de agosto de 2019. Mais tarde, nas Nações Unidas, Bolsonaro negou que a Amazônia tivesse sido profundamente afetada pelos imensos incêndios que suas próprias ações (ou, antes, inações) provocaram. Ele quase chegou a negar os próprios incêndios, diferentemente

de Trump, que inventou um ciclone no Alabama, no assim chamado Sharpiegate.

11. Sobre mito e fascismo, ver meu livro *El mito del fascismo: De Freud a Borges* (Buenos Aires: Capital Intelectual, 2015).

I. SOBRE AS MENTIRAS FASCISTAS

Epígrafe do capítulo: "A alguno de esos mentirosos precisos le di con el puño en la cara. Los testigos aprobaron mi desahogo, y fabricaron otras mentiras. No las creí, pero no me atreví a desoírlas". Jorge Luis Borges, "El hombre en el umbral", em Obras completas I (Barcelona: Emecé, 1996), p. 613.

1. Hitler, e Goebbels também, insistiam que a propaganda precisa de uma repetição constante, mas nunca afirmaram que estavam dizendo mentiras. De fato, eles acreditavam no oposto, que estavam falando em nome da verdade. Tipicamente, os fascistas negam o que eles são e atribuem seus próprios aspectos e suas próprias políticas autoritárias aos inimigos. Assim, Goebbels nunca disse que repetir mentiras era crucial para o nazismo, no entanto, disse, em 1941, referindo-se à "fábrica de mentiras de Churchill", que "os ingleses seguem o princípio de que se você mentir, então minta mesmo, e não abra mão de sua mentira". Em 1942, ele escreveu em seu diário pessoal que "a essência da propaganda é simplicidade e repetição". Ver <http://falschzitate.blogspot.com/2017/12/eine-lugemuss-nur-oft-genung-wiederholt.html>. Ver também, de Leonard W. Doob, "Goebbels' Principles of Propaganda", *Public Opinion Quarterly*, v. 14, n. 3 (1950), p. 428; de Joseph Goebbels, "Aus Churchills Lügenfabrik", em *Die Zeit ohne Tagebücher von Joseph Goebbels*,

Teil II, Band 3, Januar-März 1942 (Munich: Saur, 1994), p. 208-213. Agradeço a Claudia Koonz, Nathan Stoltzfus, Sven Reichardt, Nikolai Wehrs, David Motadel e Richard Evans pelos seus comentários e ajuda em relação à história desta citação equivocada de Goebbels.

2. Ver a excelente biografia de Peter Longerich, *Goebbels: A Biography* (Nova York: Random House, 2015), p. 70-71, ix.

3. *Idem*, p. 145, 696.

4. Ver, de Richard J. Evans, *The Coming of the Third Reich* (Nova York: Penguin Books, 2005), p. 397.

5. Adolf Hitler, *Mein Kampf* (Nova York: Mariner, 1999), p. 232.

6. Ernst Cassirer, *The Myth of the State* (Nova York: Doubleday, [1946] 1955), p. 354.

7. Benito Mussolini, *Opera omnia*, ed. Edoardo e Duilio Susmel (Florença: La Fenice, 1951-1962), v. 13, p. 45; v. 7, p. 98; v. 34, p. 117, 126.

8. *Idem*, v. 18, 457, v. 19, p. 49, 69.

9. Ver, de Benito Mussolini, *Scritti e discorsi di Benito Mussolini* (Milão: Hoepli, 1934), v. 2, p. 345.

10. Ver, de Sophia Rosenfeld, *Democracy and Truth* (Filadélfia: University of Pennsylvania Press, 2019), p. 1.

11. Ver, de Robert Paxton, *The Anatomy of Fascism* (Nova York: Knopf, 2004), p. 16-17.

12. Ver, de Francisco Franco, *Palabras del caudillo: 19 abril 1937-31 de diciembre 1938* (Barcelona: Ediciones Fe, 1939), p. 149, 161, 276, 278.

13. Ver, de Hannah Arendt, *Between Past and Future: Eight Exercises in Political Thought* (Nova York: Penguin, 2016),

p. 228, 246, 249; e *The Origins of Totalitarianism* (Nova York: Meridian, 1959), p. 350.

14. Ver, de Hannah Arendt, *Eichmann in Jerusalem* (Nova York: Viking Press, 1965), p. 52.

15. Sobre o julgamento de Eichmann e a história do testemunho, ver, de Carolyn J. Dean, *The Moral Witness: Trials and Testimony after Genocide* (Ithaca, NY: Cornell University Press, 2019).

16. Ver, de Hannah Arendt, *Eichmann in Jerusalem*, p. 252.

17. Ver, de Christopher R. Browning, *Collected Memories: Holocaust History and Postwar Testimony* (Madison: University of Wisconsin Press, 2003); de David Cesarani, *Becoming Eichmann: Rethinking the Life, Crimes, and Trial of a "Desk Murderer"* (Cambridge, MA: Da Capo Press, 2006). Para a posição contextual de Arendt em relação à historiografia emergente do Holocausto, ver, de Federico Finchelstein, "The Holocaust Canon: Rereading Raul Hilberg", *New German Critique*, n. 96 (2006), p. 3-48. Ver também, de Richard Bernstein, *Hannah Arendt and the Jewish Question* (Cambridge, MA: MIT Press, 1996); de Dan Stone, *History, Memory and Mass Atrocity: Essays on the Holocaust and Genocide* (Londres: Valentine Mitchell, 2006), p. 53-69.

18. Borges, *Obras completas I*, p. 580.

19. Arendt, *The Origins of Totalitarianism*, p. 474.

2. VERDADE E MITOLOGIA NA HISTÓRIA DO FASCISMO

1. Hannah Arendt, "The Seeds of a Fascist International", em *Essays in Understanding 1930-1954*, ed. Jerome Kohn (Nova York: Harcourt Brace, 1994), p. 147.

2. Ver, de Mabel Berezin, *Making the Fascist Self: The Political Culture of Interwar Italy* (Ithaca, NY: Cornell University Press, 1997), p. 198.

3. Federico Finchelstein, *From Fascism to Populism in History* (Oakland: University of California Press, 2017), p. 15, 37, 39, 41.

4. Ver, de Jorge Luis Borges, "Thomas Carlyle", p. 35; "Thomas Carlyle: De los héroes", p. 37-41; e "Definición del Germanófilo", em *Obras completas IV* (Barcelona: Emecé, 1996), p. 442; "Ensayo de imparcialidad", *Sur 61* (Outubro de 1939), p. 27.

5. Sobre a tradição romântica liberal, ver, de Pablo Piccato, *The Tyranny of Opinion* (Durham, NC: Duke University Press, 2010), p. 10-11. Ver também, de Elías José Palti, *El momento romántico: nación, historia y lenguajes políticos en la Argentina del siglo XIX* (Buenos Aires: Eudeba, 2009); de Nadia Urbinati, *The Tyranny of the Moderns* (New Haven, CT: Yale University Press, 2015), p. 41, 55-56.

6. Ver, de José Enrique Rodó, *Ariel* (Montevidéu: Biblioteca Artigas, 1964), v. 44. Em *Ariel*, ver especialmente p. 18-20; e em seus escritos sobre o liberalismo, ver, e.g., p. 187-188. Ver, de Leopoldo Lugones, *Política revolucionaria* (Buenos Aires: Anaconda, 1931), p. 17-19 e também p. 12-13, 15, 24-25, 29, 38. Ver também, de Lugones, *Estudios helénicos* (Buenos Aires: Biblioteca Argentina de Buenas Ediciones Literarias, 1923), p. 18-21 e *Nuevos estudios helénicos* (Buenos Aires: Babel, 1928), p. 23, 181.

7. Max Horkheimer, *Between Philosophy and Social Science* (Cambridge, MA: MIT Press, 1993), p. 278.

8. Ernst Cassirer, *The Myth of the State* (Nova York: Doubleday, [1946] 1955), p. 335.

9. Theodor W. Adorno, "Freudian Theory and the Pattern of Fascist Propaganda" (1951), em *Gesammelte Schriften* (Frankfurt: Suhrkamp, 1990), v. 8, p. 429.

10. Ver, de Hannah Arendt, *The Origins of Totalitarianism* (Nova York: Meridian, 1959), p. 382-387.

3. FASCISMO ENCARNADO

1. Giussepe Bottai, "L'equivoco antifascista", *Critica Fascista*, 1º de abril de 1924, p. 30. Ver também "L'espansione del fascismo", *Universalità Fascista*, fevereiro de 1932, p. 96.

2. Ver Benedetto Croce, *Scritti e discorsi politici, 1943-1947* (Bari: Laterza, 1963), v. I, p. 7; v. II, p. 46, 357. Ver também, de Renzo De Felice, *Interpretations of Fascism* (Cambridge, MA: Harvard University Press, 1977), p. 14-23; de Pier Giorgio Zunino, *Interpretazione e memoria del fascismo: gli anni del regime* (Roma: Laterza, 1991), p. 11-142.

3. Ver, de Dominick LaCapra, *History and Memory after Auschwitz* (Ithaca, NY: Cornell University Press, 1998), p. 104.

4. Corneliu Zelea Codreanu, *Manual del jefe* (Munique: Europa, 2004), p. 5.

5. Mussolini declarou, em 1929: "Gli osservatori stranieri notano che il popolo italiano parla poco, gestisce meno e sembra dominato da una sola volontà: è la politica del fascismo, la quale insegna che per divenire grandi secondo la màssima della filosofia del superuomo 'bisogna avere la gioia di obbedire a lungo e in una stessa direzione'". Ver "Parla il duce del fascismo", *Il Giornale d'Italia*, 15 de setembro de 1929.

6. "Il mondo e nostro (terribile cosa!) perche que noi quasi inconsciamente ci siamo asunti di creare un mondo." Camillo

Pellizzi, "Imperialismo o aristocrazia?", *Il Popolo d'Italia*, 13 de maio de 1923. Ver também "Il comandamento del Duce", *Il Popolo d'Italia*, 2 de outubro de 1923; Nino Fattovich, "Sacra religio patriae (Divagazioni sul fascismo)", *Il Popolo d'Italia*, 3 de janeiro de 1925; Antonio Pirazzoli, "Mussolini e il fascismo visti da lontano", *Il Popolo d'Italia*, 15 de março de 1925.

7. José Vasconcelos, citado por Pablo Yankelevich em "El exilio argentino de José Vasconcelos", *Revista Iberoamericana*, v. 6, n. 24 (2006), p. 39.

8. Sobre fascismo e história, ver, de Claudio Fogu, *The Historic Imaginary: Politics of History in Fascist Italy* (Toronto: University of Toronto Press, 2003); de Fernando Esposito e Sven Reichardt, "Revolution and Eternity: Introductory Remarks on Fascist Temporalities", *Journal of Modern European History*, n. 13 (2015), p. 24-43.

9. Volt, "Antistoria", *Critica Fascista*, 15 de janeiro de 1927, p. 9-10.

10. O intelectual fascista Ardengo Soffici apresentava o fascismo absoluto em oposição à teoria da relatividade proposta por um grupo de "Judeus alemães cujo chefe é Einstein". Ver, de Ardengo Soffici, "Relativismo e politica", *Gerarchia*, janeiro de 1922, p. 34-35. Ver também uma oposição semelhante por parte de Mussolini, em ed. Sandra Linguerri e Raffaella Simili, *Einstein parla italiano: Itinerari e polemiche* (Bolonha: Pendragon, 2008), p. 31.

11. Ver, de Tirso Molinari Morales, *El fascismo en el Perú* (Lima: Fondo Editorial de la Facultad de Ciencias Sociales, 2006), p. 186.

12. Ver a análise perspicaz de Markus Daechsel, "Scientism and Its Discontents: The Indo-Muslim 'Fascism' of Inayatullah

Khan al-Mashriqi", *Modern Intellectual History* v. 3, n. 3 (2006), p. 462-463.

13. Ver, de James P. Jankowski, "The Egyptian Blue Shirts and the Egyptian Wafd, 1935-1938", *Middle Eastern Studies*, v. 6, n. 1, janeiro de 1970, p. 87; de Reto Hofmann, *The Fascist Effect: Japan and Italy*, 1915-1952 (Ithaca, NY: Cornell University Press, 2015), p. 81-83.

14. Ver, de Hofmann, *The Fascist Effect*, p. 86; ver também a resenha de Harry Harootunian sobre o livro *Hirohito Redux: Hirohito and the Making of Modern Japan*, por Herbert P. Bix em *Critical Asian Studies*, v. 33, n. 4 (2001), p. 609-636. Eu gostaria de agradecer a Reto Hofmann por seus comentários em relação a essas dimensões do fascismo japonês.

15. Ver, de Israel Gershoni e James Jankowski, *Confronting Fascism in Egypt: Dictatorship versus Democracy in the 1930s* (Stanford, CA: Stanford University Press, 2009), p. 236.

4. INIMIGOS DA VERDADE?

1. Adolf Hitler, *Mein Kampf* (Nova York: Mariner, 1999), p. 65; ênfase original.

2. José Vasconcelos, "Contra los planes ocultos, la luz de la verdad", *Timón*, n. 13 (1940). Reeditado em ed. Itzhak M. Bar-Lewaw, *La Revista "Timón" y José Vasconcelos* (Cidade do México: Edimex, 1971), p. 143-44.

3. Pablo Yankelevich, "El exilio argentino de José Vasconcelos", *Revista Iberoamericana* v. 6, n. 24 (2006), p. 37. Sobre Vasconcelos, ver também, de Claude Fell, *José Vasconcelos: los años del águila (1920-1925)* (Cidade do México: Universidad Nacional Autónoma de México, 1989). Sobre o fascismo

americano, ver também, de Jean Meyer, *El sinarquismo: ¿Un fascismo mexicano? 1937-1947* (Cidade do México: Joaquín Mortiz, 1979).

4. Ver, de Fernando de Euzcadi, "Judaismo vs. Catolicismo", *Timón*, n. 12 (1940). Reeditado em ed. Bar-Lewaw, *La Revista "Timón" y José Vasconcelos*, p. 222-225.

5. Adolf Hitler, *Mein Kampf*, p. 318; ver também p. 324.

6. Sobre o fascismo clerical argentino, ver, de Federico Finchelstein, *Transatlantic Fascism: Ideology, Violence, and the Sacred in Argentina and Italy, 1919-1945* (Durham, NC: Duke University Press, 2010).

7. Julio Meinvielle, *El judío* (Buenos Aires: Antídoto, 1936), p. 11; de Virgilio Filippo, *Los judíos: juicio histórico científico que el autor no pudo transmitir por L. R. S Radio París* (Buenos Aires: Tor, 1939), p. 111.

8. Virgilio Filippo, *Conferencias radiotelefónicas* (Buenos Aires: Tor, 1936), p. 215. Esses estereótipos europeus foram analisados por autores como George L. Mosse e Sander Gilman. Ver, de George L. Mosse, *Nationalism and Sexuality* (Nova York: Howard Fertig, 1985); de George L. Mosse, *The Image of Man: The Creation of Modern Masculinity* (Oxford: Oxford University Press, 1996); de Sander Gilman, *The Jew's Body* (Nova York: Routledge, 1991).

9. Ver, de Simon Levis Sullam, *L'archivio antiebraico: il linguaggio dell' antisemitismo moderno* (Roma: Laterza, 2008). Sobre o antissemitismo enquanto código cultural, ver, de Shulamit Volkov, "Anti-Semitism as a Cultural Code: Reflections on the History and Historiography of Anti-Semitism in Imperial Germany", *Yearbook of the Leo Baeck Institute*, n. 23 (1978), p. 25-46. Sobre o antissemitismo, ver também, de Paul Hanebrink, *A Specter Haunting*

Europe: The Myth of Judeo-Bolshevism (Cambridge, MA: Harvard University Press, 2018). Sobre o antijudaismo, ver, de David Nirenberg, *Anti-Judaism: The Western Tradition* (Nova York: Norton, 2013).

10. Ver "Los judíos en la República Argentina: breve reseña de las sucesivas invasiones", *Acción Antijudía Argentina*, n. 13 (1939), p. 1; de Virgilio Filippo, *¿Quiénes tienen las manos limpias? Estudios sociológicos* (Buenos Aires: Tor, 1939), p. 127.

11. Filippo, *Los judíos*, p. 44-45, 49.

12. Conforme explicou a historiadora do antifascismo Michele Battini, "A propaganda antissemítica afirma um fato que nunca aconteceu e falsifica a evidência que o demoliria; ainda assim, ela conta a verdade sobre suas próprias intenções persecutórias, porque seus autores tinham certeza de que eram capazes de enganar a opinião pública e até mesmo aqueles que não acreditavam nela". O poder para distinguir o verdadeiro e o falso era reservado àqueles que podiam mentir à vista de todos, mas também revelar explicitamente suas intenções destruidoras. Michele Battini, em *Socialism of Fools: Capitalism and Modern Anti-Semitism* (Nova York: Columbia University Press, 2016), p. 9.

13. Ver, de Valeria Galimi, *Sotto gli occhi di tutti: La società italiana e le persecuzioni contro gli ebrei* (Florença: Le Monnier, 2018).

14. Ver, de Bruno Jacovella, "El judío es el enemigo del pueblo cristiano", *Crisol*, 13 de outubro de 1936; *Clarinada,* junho de 1942, p. 31.

15. Theodor W. Adorno, *Minima Moralia* (Nova York: Verso, 2005), p. 108.

16. Enzo Traverso, *The Origins of Nazi Violence* (Nova York: New Press, 2003), p. xx.

17. Ver todas essas referências em *From Fascism to Populism in History*, de Federico Finchelstein (Oakland: University of California Press, 2017), p. 73-81.

18. Jorge González von Marées, *El mal de Chile (sus causas y sus remedios)* (Santiago: Talleres Gráficos "Portales", 1940), p. 53.

19. Corneliu Zelea Codreanu, *Manual del jefe* (Munique: Europa, 2004), p. 130-131.

5. VERDADE E PODER

1. "Il nostro orgoglio e la nostra sicurezza di grande Nazione. Tra le incertezze di altri Popoli noi abbiamo: un regime saldo [...] La parola precisa e decisa del Duce, il quale vede, prevede e provvede, ed ha sempre ragione." Archivo del Ministerio de Relaciones Exteriores y Culto, Argentina, División Política, Caja 2386, Italia, Exp. 1, Año 1933, n. 39, R.E. 1/33, *Giornale d'Italia*, 11 de março de 1933; "Mussolini ha sempre ragione", *Universalità Fascista*, julho-agosto de 1939, p. 423; "Mussolini dittatore del partito", *Critica Fascista*, 15 de setembro de 1926, p. 344.

2. "Nuestras lecturas", *El Fascio* (Madri), 16 de março de 1933, p. 13.

3. Ver, de Federico Finchelstein, *El mito del fascismo: de Freud a Borges* (Buenos Aires: Capital Intelectual, 2015).

4. Ver, de Theodor W. Adorno, "Freudian Theory and the Pattern of Fascist Propaganda" (1951), em *Gesammelte Schriften* (Frankfurt: Suhrkamp, 1990), v. 8, p. 408-433; de Sigmund Freud, *Group Psychology and the Analysis of the Ego* (Londres: Hogarth Press, 1940), p. 115.

5. Finchelstein, *El mito del fascismo*, p. 43-77.
6. Hannah Arendt, *The Origins of Totalitarianism* (Nova York: Meridian, 1959), p. 349.
7. Ver, de Alfredo Rocco, "Per la cooperazione intellettuale dei popoli", *Critica Fascista*, 1º de março de 1926, p. 52. Ver também Archivio Centrale dello Stato, Roma, Itália, MRF B 58 F 129 "CANZONI FASCISTE", Cart. 1, "Per te, o Mussolini!"; Cart. 3, "Saluto al Duce"; e no mesmo arquivo, mas não incluído na *cartelle*, "Inno al fondatore dell' impero"; Arturo Foà, "Fascismo e classicismo", *Il Popolo d'Italia*, 18 de maio de 1928; Giuseppe Bottai, "Ritratto di Demostene", *Critica Fascista*, 1º de março de 1926, p. 53. Para essa noção de heroísmo e verdade no fascismo argentino, ver, de Federico Ibarguren, *Rosas y la tradición hispanoamericana* (Buenos Aires: n.p., 1942), p. 4. Para Hitler, ver, e.g., as considerações sintomáticas do fascista argentino Julio Irazusta, em "La personalidad de Hitler", *Nuevo Orden*, 14 de maio de 1941; do fascista espanhol Ramón Serrano Suñer, em Archivo del Ministerio de Relaciones Exteriores y Culto, Argentina, División Política, mueble 7, casilla 22, *Guerra Europea*, exp. 258, año 1940; e Archivo del Ministerio de Relaciones Exteriores y Culto, Argentina, Caja 14, España, exp. 1, 1945.
8. Adolf Hitler, *Speeches and Proclamations, 1932-1945*, ed. Max Domarus (Londres: Tauris, 1990), v. 1, p. 420.
9. Ernesto Giménez Caballero, *La nueva catolicidad: teoría general sobre el fascismo en Europa* (Madri: La Gazeta Literaria, 1933), p. 128-129, 131-132.
10. Ver, de Leopoldo Lugones, "El único candidato", em *Escritos políticos*, ed. María Pía López e Guillermo Korn (Buenos Aires: Losada, 2011), p. 320. Sobre a noção fascista do liberalismo como apresentação de meias-verdades ou mesmo mentiras,

ver, de José María Pemán, "Perfiles de la nueva barbarie", *Acción Española*, 1º de janeiro de 1932, p. 131-141.

11. José Millán Astray, *Franco el caudillo* (Salamanca: M. Quero y Simón Editor, 1939), citado por Antonio Cazorla em *Franco, biografía del mito (*Madri: Alianza, 2015), p. 105. Sobre outros mitos fascistas espanhóis do líder, ver, de Joan Maria Thomàs, *José Antonio Primo de Rivera: The Reality and Myth of a Spanish Fascist Leader* (Nova York: Berghahn Books, 2019).

12. Corneliu Zelea Codreanu, *Manual del jefe* (Munique: Europa, 2004), p. 182.

13. Jacques Derrida, *Historia de la mentira: Prolegómenos* (Buenos Aires: Universidad de Buenos Aires, Facultad de Filosofía y Letras Press, 1995), p. 36, 38, 43.

14. Dominick LaCapra, *Writing History, Writing Trauma* (Baltimore: Johns Hopkins University Press, 2001), p. 49-50.

15. Ver, de Hans Blumenberg, *The Legitimacy of the Modern Age* (Cambridge, MA: MIT Press, 1983); de Derrida, *Historia de la mentira*, p. 25.

16. Sobre o antissemitismo redentor nazista, ver, de Saul Friedlander, *Nazi Germany and the Jews: The Tears of Persecution, 1933-1939* (Nova York: HarperCollins, 1997); de Enzo Traverso, *The Origins of Nazi Violence* (Nova York: New Press, 2003). Sobre a religião fascista e política, ver, de Emilio Gentile, *Le religioni della politica: fra democrazie e totalitarismi* (Roma: Laterza, 2001). Sobre Heiddeger, nazismo e antissemitismo, ver, de Donatella Di Cesare, *Heidegger and the Jews: The Black Notebooks* (Cambridge: Polity, 2018).

17. Ramiro de Maeztu, "¿No hay hombres?", *ABC*, 26 de março de 1936.

18. Eles afirmavam que Maeztu dera "sua vida pela Verdade". Ver "Vox clamantis in deserto", *Acción Española* (março de 1937), p. 6-7. Ver também "Tre Gennaio", *Augustea* (1943), p. 35.

19. Ver, de Lloyd E. Eastman, "Fascism in Kuomintang China: The Blue Shirts", *China Quarterly*, n. 49 (janeiro-março de 1972), p. 9. Sobre o fascismo na China, ver também, de Maggie Clinton, *Revolutionary Nativism: Fascism and Culture*, 1925-1937 (Durham, NC: Duke University Press, 2017); de Brian Tsui, *China's Conservative Revolution: The Quest for a New Order, 1927-1949* (Cambridge: Cambridge University Press, 2018).

20. Alfred Rosenberg, *The Myth of the Twentieth Century* (Torrance, CA: Noontide Press, 1982), p. 61-62.

21. Kevin Passmore, *Fascism: A Very Short Introduction* (Oxford: Oxford Univeristy Press, 2014), p. 86. Sobre o fascismo romeno, ver, de Constantin Iordachi, "God's Chosen Warriors: Romantic Palingenesis, Militarism and Fascism Modern Romania", em *Comparative Fascist Studies: New Perspectives*, ed. Constantin Iordachi (Londres: Routledge, 2009), p. 316-357.

22. Julius Evola, *Il mito del sangue* (Milão: Hoepli, 1937). Sobre o antissemitismo italiano, ver, de Simon Levis Sullam, *The Italian Executioners: The Genocide of the Jews of Italy* (Princeton, NJ: Princeton University Press, 2018); de Valeria Galimi, *Sotto gli occhi di tutti* (Florença: Le Monnier, 2018); de Marie Anne Matard-Bonucci, *L'Italia fascista e la persecuzione degli ebrei* (Bolonha: Il Mulino, 2008).

23. Ver, de Carl Schmitt, "El fuhrer defiende el derecho" (1934), em *Carl Schmitt, teólogo de la política*, ed. Héctor Orestes Aguilar (Cidade do México: Fondo de Cultura Económica, 2001), p. 114-118.

24. *Idem*; ver também, de Ingo Müller, *Hitler's Justice: The Courts of the Third Reich* (Cambridge, MA: Harvard University Press, 1991), p. 70-79. Sobre a receptividade de Schmitt ao fascismo, ver o cativante argumento de Jean Cohen e Andrew Arato em *Civil Society and Political Theory* (Cambridge, MA: MIT Press, 1992), p. 240. Sobre a necessidade contemporânea de estudar Schmitt, ver, de Andreas Kalyvas, *Democracy and the Politics of the Extraordinary: Max Weber, Carl Schmitt, and Hannah Arendt* (Cambridge: Cambridge University Press, 2008), esp. 80-67. Nadia Urbinati observou a participação de Schmitt numa longa tradição antidemocrática que percebe a democracia como a manipulação da verdade. Ver, de Nadia Urbinati, *Democracy Disfigured: Opinion, Truth, and the People* (Cambridge, MA: Harvard University Press, 2014), p. 88.

25. Antonio Gramsci, *Gli intellettuali* (Roma: Editori Riuniti, 1979), p. 93.

26. Hans Frank, citado por Hannah Arendt em *Eichmann in Jerusalem* (Nova York: Viking Press, 1965), p. 136. Sobre a interpretação de Arendt deste imperativo de Eichmann, ver p. 137, 148-149.

27. Gustavo Barroso, *Reflexões de um bode* (Rio de Janeiro: Gráfica Educadora Limitada, 1937), p. 169, 177-178.

28. Plínio Salgado, *Palavra nova dos tempos novos* (Rio de Janeiro: José Olympio, 1936), p. 114-115. Sobre Salgado e o fascismo brasileiro, ver, de Leandro Pereira Gonçalves, *Plínio Salgado: um católico integralista entre Portugal e o Brasil (1895-1975)* (Rio de Janeiro: FGV Editora, 2018).

29. Silvio Villegas, *No hay enemigos a la derecha* (Manizales: Arturo Zapata, 1937), p. 43, 46, 50, 57, 78. Ver também, de Leopoldo Lugones, "Una página de estética", *Repertorio Americano*, 27 de outubro de 1924, p. 113-115.

30. Salgado, *Palavra nova dos tempos novos*, p. 114-115. Ver também, de Plínio Salgado, *A doutrina do sigma* (Rio de Janeiro: Schmidt, 1937), p. 168.

6. REVELAÇÕES

1. "Il convegno di mistica fascista", *Il Legionario*, 1º de março de 1940, p. 4-5.
2. Ivan, "Tra i libri", *Gerarchia* (agosto de 1939). Ver também, de Titta Madia, "'Duce' Biografia della parola", *Gerarchia* (1937), p. 382. Como disse o fascista Telesio Interlandi a Mussolini numa carta particular, as palavras do Duce não podiam ser realmente compreendidas em sua leitura, pois elas transcendiam seu significado explícito. Ver carta de Telesio Interlandi para Mussolini, Archivio Centrale dello Stato, Roma, Itália, Ministero della Cultura Popolare, D. G. Serv. Propaganda, Gabinetto B. 43 260.2 (1941).
3. Curzio Malaparte, "Botta e risposta", *Critica Fascista*, 15 de novembro de 1926, p. 419-420.
4. Archivio Centrale dello Stato, Roma, Itália, MRF B 58 F 129 "CANZONI FASCISTE", Cart. 1, "Dux" and "L'Aquila legionaria".
5. Federico Forni, "Appunti sulla dottrina", *Gerarchia* (1939), p. 459-460. Sobre isso, ver também, do fascista espanhol Víctor Pradera, "Los falsos dogmas", *Acción Española* (1932), p. 113-122.
6. Alfred Rosenberg, *The Myth of the Twentieth Century* (Torrance, CA: Noontide Press, 1982), p. 432.
7. Plínio Salgado, *Palavra nova dos tempos novos* (Rio de Janeiro: José Olympio, 1936), p. 115. Ver também, de Plínio

Salgado, *A doutrina do sigma* (Rio de Janeiro: Schmidt, 1937), p. 168.

8. Ver Partito Nazionale Fascista, Foglio d'Ordini, n. 147, 18 de novembro de 1935, Archivio Centrale dello Stato, Roma, Itália, Archivi Fascisti, Segreteria Particolare del Duce, Cart. riservato, B 31 F Gran Consiglio SF 13 1935. Sobre justiça e luta, ver também, de Angelo Tarchi, "Perché combattiamo", *Repubblica Sociale* (1945), p. 4, 11; e *La Verità* (Veneza: Erre, 1944), p. 19, 25.

9. Alexandre Koyré, "The Political Function of the Modern Lie", *Contemporary Jewish Record*, n. 8 (1945), p. 290-300. Ver também, de Jacques Derrida, *Historia de la mentira: Prolegómenos* (Buenos Aires: Universidad de Buenos Aires, Facultad de Filosofía y Letras Press, 1995), p. 43, 47-48; e, de Hannah Arendt, "Truth and Politics", *The New Yorker*, 25 de fevereiro de 1967.

10. Leopoldo Lugones, "Rehallazgo del país", *La Nación*, 8 de novembro de 1936.

11. Ver, de Ramiro de Maeztu, "El valor de la Hispanidad", *Acción Española* (1932), p. 561-571; e "El valor de la Hispanidad II", *Acción Española* (1932), p. 1-11.

12. Gustavo Barroso, *O integralismo e o mundo* (Rio de Janeiro: Civilização Brasileira, 1936), p. 16-17.

13. *Idem*, p. 145.

14. Salgado, *Palavra nova dos tempos novos*, p. 116-117.

15. *Idem*.

16. Corneliu Zelea Codreanu, *Manual del jefe* (Munique: Europa, 2004), p. 151-152.

17. Sir Oswald Mosley, *10 Points of Fascism* (Londres: B.U.F., 1933), p. 2-3.

18. Derrida critica persuasivamente essa ideia de que a verdade pode ser apropriada na política, mas ambos, Arendt e Koyré, parecem insistir na natureza não-política de suas percepções. Para um criticismo convergente de Arendt, ver, de Ágnes Heller, *Solo se sono libera* (Roma: Castelvecchi, 2014), p. 16.

19. Ver, de Jorge Luis Borges, "De la dirección de Proa", em Jorge Luis Borges, *Textos recobrados (1931-1955)* (Barcelona: Emecé, 1997), v. 1, p. 207-208; de Federico Finchelstein, *El mito del fascismo: de Freud a Borges* (Buenos Aires: Capital Intelectual, 2015).

20. Ver, de Jorge Luis Borges, "El propósito de Zarathustra", em Borges, *Textos recobrados*, v. 2, 211-218; *The Diary of Sigmund Freud, 1929-1939*, ed. Michael Molnar (Nova York: Maxwell Macmillan, 1992), p. 149.

21. Ver, de Omero Valle, "Dell' intelligenza fascista", *Gerarchia* (1939), p. 703.

22. Ver, de Italo Calvino, "Il Duce's Portraits", *New Yorker*, 6 de janeiro de 2003.

23. José Carlos Mariátegui, *Obra política* (Cidade do México: Era, 1979), p. 122, 124, 137.

24. Theodor W. Adorno, "Anti-Semitism and Fascist Propaganda" (1946), em *Gesammelte Schriften* (Frankfurt: Suhrkamp, 1990), v. 8, p. 398, 403.

25. Ver Archivio Centrale dello Stato, Roma, Itália, Archivi Fascisti, Segreteria Particolare del Duce, Carteggio riservato, B1 F 2 SF 9 GENTILE GIOVANNI; Giovanni Gentile, "La legge del gran consiglio", *Educazione Fascista* (setembro de 1928). Ver também, de Luigi Chiarini, "Coscienza imperiale", *Critica Fascista*, 15 de junho de 1928, p. 235; de Enzo Capaldo, "Attualità della vigilia nella formazione

della coscienza fascista", *Critica Fascista*, 1° de janeiro de 1934, p. 20.

7. O INCONSCIENTE FASCISTA

1. A. M., "I segni del tempo", *Il Popolo d'Italia*, 1° de janeiro de 1928. Ver também "Senso dell' eterno in Mussolini", *La Repubblica Fascista*, 22 de dezembro de 1944, p. 1.
2. Adolf Hitler, *Mein Kampf* (Boston: Mariner, 2001), p. 510.
3. *Idem*, 509-512.
4. Zeev Sternhell, *The Anti-Enlightenment Tradition* (New Haven, CT: Yale University Press, 2010), p. 318, 328-329.
5. Michele Bianchi, "Il concetto di rappresentanza nello Stato fascista", *Il Giornale d'Italia*, 27 de novembro de 1929, p. 1.
6. Ed. Edgardo Sulis, *Mussolini contro il mito di demos* (Milão: Hoepli, 1942), p. 71-72. Ver também, de Gustavo Barroso, "Procurador dos descaminhos", *A Offensiva*, 13 de abril de 1935; e o líder fascista britânico Sir Oswald Mosley, *Fascism: 100 Questions Asked and Answered* (Londres: B.U.F., 1936), p. 15. Sobre a história do conceito de soberania, ver, de Dieter Grimm, *Sovereignty: The Origins and Future of a Political and Legal Concept* (Nova York: Columbia University Press, 2015).
7. Ver, de Benito Mussolini, *Scritti e discorsi di Benito Mussolini* (Milão: Hoepli, 1934), v. 3, p. 108; de Simonetta Falasca-Zamponi, *Fascist Spectacle: The Aesthetics of Power in Mussolini's Italy* (Berkeley: University of California Press, 1997), p. 258.
8. Plínio Salgado, *A doutrina do sigma* (Rio de Janeiro: Schmidt, 1937), p. 21; de Alfonso de Laferrere, *Literatura y política*

(Buenos Aires: Manuel Gleizer, 1928), p. 128; de Silvio Villegas, *No hay enemigos a la derecha* (Manizales: Arturo Zapata, 1937), p. 224. Sobre Mussolini e Sorel, ver, de Falasca-Zamponi, *Fascist Spectacle*, p. 213; de Emil Ludwig, *Colloqui con Mussolini* (Milão: Mondadori, 1932), p. 124; de Benito Mussolini, *Opera omnia*, ed. Edoardo e Duilio Susmel (Florença: La Fenice, 1951-1962), v. 20, p. 123. Sobre nazismo e o renascimento da moral, ver, de Claudia Koonz, *The Nazi Conscience* (Cambridge, MA: Belknap Press of Harvard University Press, 2003), p. 31, 33, 75.

9. Ver Mussolini, *Scritti e discorsi di Benito Mussolini*, v. 5, p. 322.

10. Roberto Pavese, "Filosofia e religione nel momento presente", *Gerarchia* (novembro de 1936), p. 761. Ver também, de Cesare Colliva, "Impero fascista", *Meridiani* (março-abril de 1936).

11. Ver, de Camillo Pellizzi, "Pensiero fascista", *Il Popolo d'Italia*, 5 de abril de 1925. Ver também, de Alessandro Pavolini, "La funzione del partito", *Critica Fascista*, 1º de julho de 1926, p. 171.

12. Ver "Il messaggio del Duce", *Il Giornale d'Italia*, 27 de outubro de 1935; de Mussolini, *Opera omnia*, v. 32, p. 105; de Sulis, *Mussolini contro il mito di demos*, p. 49. Ver também, de Francesco Maria Barracu, *La voce della patria* (Veneza: Erre, 1944), p. 15, 18. Para as canções "Inno a Mussolini" e "Inno dedicato agli Eroi della Rivoluzione Fascista", ver Archivio Centrale dello Stato, Roma, Itália, MRF B 58 F 129 "CANZONI FASCISTE", Cart. 1 and Cart. 3.

13. Camillo Pellizzi, "Educazione fascista", *Il Popolo d'Italia*, 10 de fevereiro de 1928.

14. Volt, "L'imperialismo economico", *Il Popolo d'Italia*, 1923. Ver também, de Nardo Naldoni, "La guerra", *Meridiani* (June 1936), p. 2-3.

15. Ver, de Federico Finchelstein, "On Fascist Ideology", *Constellations*, n. 15 (2008), p. 320-331. Sobre o fascismo, ver também as seguintes obras importantes: de Zeev Sternhell, *Ni droite ni gauche: L'idéologie fasciste en France* (Paris: Gallimard, 2012); de Ruth Ben-Ghiat, *Fascist Modernities* (Berkeley: University of California Press, 2001); de Geoff Eley, *Nazism as Fascism: Violence, Ideology and the Ground of Consent in Germany* (Londres: Routledge, 2013); de António Costa Pinto, *The Nature of Fascism Revisited* (Boulder, CO: Social Science Monographs, 2012); de Angelo Ventrone, *La seduzione totalitaria: guerra, modernità, violenza politica: 1914-1918* (Roma: Donzelli, 2003); de Emilio Gentile, *Fascismo: storia e interpretazione* (Roma: Laterza, 2002); de Giulia Albanese, "Brutalizzazione e violenza alle origini del fascismo", *Studi Storici*, n. 1 (2014), p. 3-14; de Sandra Deutsch, *Las Derechas: The Extreme Right in Argentina, Brazil, and Chile 1890-1939* (Stanford, CA: Stanford University Press, 1999); de Joan Maria Thomàs, *Los fascismos españoles* (Barcelona: Ariel, 2019).

16. Ver, de Benito Mussolini, "Vivere pericolosamente" (1924), em Mussolini, *Opera omnia*, v. 21, p. 40-41. Ver também, de Ernesto Giménez Caballero, "Tre fasi del generale Franco", *Gerarchia* (1937), p. 153; e *Genio de España* (Madri: La Gaceta Literaria, 1932), p. 134, 318.

17. Romanos 3:4; 1 João 2:22; João 8:43-45 (NRSV).

18. Leonardo Castellani, *Las canciones de Militis: seis ensayos y tres cartas* (Buenos Aires: Ediciones Dictio, 1973), p. 61.

19. Ver, de Ernesto Giménez Caballero, *Genio de España: exaltaciones a una resurrección nacional y del mundo* (Zaragoza:

Ediciones Jerarquía, 1938), p. 211; e seu *Casticismo, nacionalismo y vanguardia: Antología, 1927-1935* (Madri: Fundación Santander Central Hispano, 2005), p. 73, 105, 172.

20. Ver, de Giménez Caballero, *Casticismo, nacionalismo y vanguardia*, p. 73, 102-103, 129, 160, 183, 241-242.

8. FASCISMO CONTRA A PSICANÁLISE

1. Carlos Meneses, *Cartas de juventud de J. L. Borges (1921-1922)* (Madri: Orígenes, 1987), p. 15.

2. Ver, de Leopoldo Lugones, "La formación del ciudadano", *La Nación*, 13 de fevereiro de 1938.

3. Albérico S. Lagomarsino, *La cuestión judía: su estudio analítico y crítico* (Buenos Aires: n.p., 1936), p. 84-87.

4. Virgilio Filippo, *Los judíos: juicio histórico científico que el autor no pudo transmitir por L. R. S. Radio Paris* (Buenos Aires: Tor, 1939), p. 217.

5. Freud, na verdade, teve câncer no maxilar, não na língua. Ver, de Leonardo Castellani, *Freud en cifra* (Buenos Aires: Cruz y Fierro, 1966), p. 11. Muitos fascistas, incluindo Castellani, comparavam Viena a Buenos Aires e afirmavam que ambas as cidades eram "monstruosamente" dominadas pelos judeus. Ver, de Degreff, *Esperanza de Israel* (Buenos Aires: F. A. Colombo, 1938), p. 51. Para eles, as duas cidades enfrentavam um poluente, de um mundo inferior, que era uma combinação de ameaças modernas e antigas ao Cristianismo e sua principal criação, "a raça branca". Ver a sugestiva análise de Vezzetti de Castellani em sua introdução a ed. Hugo Vezzetti, *Freud en Buenos Aires, 1910-1939* (Buenos Aires: Puntosur, 1989), p. 71-72; de Leonardo Castellani,

"Sigmund Freud (1856-1939)", *La Nación*, 8 de outubro de 1939, sec. 2, p. 1-2.

6. Adolf Hitler, *Mein Kampf* (Nova York: Mariner, 1999), p. 325.

7. Gustavo Franceschi, "Como se prepara una revolución", *Criterio*, 14 de setembro de 1933, p. 30; "Una Europa sin judíos", *Bandera Argentina*, 1º de fevereiro de 1941, p. 1.

8. Julio Meinvielle, "Catolicismo y nacionalismo", *El Pueblo*, 18 de outubro de 1936, p. 3.

9. Julio Meinvielle, *Entre la Iglesia y el Reich* (Buenos Aires: Adsum, 1937), p. 68.

10. Fernando de Euzcadi, "Judaismo vs. Catolicismo", *Timón*, n. 12 (1940). Reeditado por ed. Itzhak M. Bar-Lewaw, *La Revista "Timón" y José Vasconcelos* (Cidade do México: Edimex, 1971), p. 225.

11. *Idem*, p. 222-225.

12. Filippo, *Los judíos*, p. 197.

13. Virgilio Filippo, *El reinado de Satanás: conferencias irradiadas dominicalmente a las 13 horas desde L.R.8, Radio París de Bs. As.* (Buenos Aires: Tor, 1937), v. 2, p. 109.

14. Sobre fascismo e psicanálise na Itália, ver, de Piero Meldini, *Mussolini contro Freud: la psicoanalisi nella pubblicistica fascista* (Florença: Guaraldi, 1976); de Michel David, *La psicoanalisi nella cultura italiana* (Torino: Boringhieri, 1966); de Mauro Pasqualini, "Origin, Rise, and Destruction of a Psychoanalytic Culture in Fascist Italy, 1922-1938", em *Psychoanalysis and Politics*, ed. Joy Damousi e Mariano Plotkin (Nova York: Oxford University Press, 2012); de Roberto Zapperi, *Freud e Mussolini: la psicoanalisi in Italia durante il regime fascista* (Milão: Franco Angeli, 2013); de

Maddalena Carli, "Saluti da Vienna, o duce", *Il Manifesto*, 25 de setembro de 2014. Para psicanálise e antifascismo, ver, de Eli Zaretsky, *Secrets of the Soul: A Social and Cultural History of Psychoanalysis* (Nova York: Knopf, 2004), p. 244-245.

15. Ver Fermi, "Psicanalisi e psicosintesi", *Gerarchia* (1935), p. 817; de Roberto Suster, "Elementi di psicologia germanica", *Critica Fascista*, fevereiro de 1934, p. 55; e "Psicoanalisi e castità", *La Difesa della Razza*, 20 de novembro de 1941, p. 31.

16. Benito Mussolini, "Labirinto comunista", por Benito Mussolini, *Opera omnia*, ed. Edoardo e Duilio Susmel (Florença: La Fenice, 1951-1962), v. 26, p. 11-12.

17. Castellani afirmou que "sabe-se que um verdadeiro freudiano não o denunciará; o freudismo é uma espécie de religião"; Juan Palmetta, "Fe de erratas: Freud. I. La Vida: Freudiana del niño", *Criterio*, 5 de outubro de 1939, p. 107.

18. Plínio Salgado, *A doutrina do sigma* (Rio de Janeiro: Schmidt, 1937), p. 157-158.

19. Ver, de Ellevi, "Tra i libri", *Gerarchia* (1941), p. 57. Ver também, de Lidio Cipriani, "Quale la vera responsabile: Albione o Israele?", *Gerarchia* (1940), p. 519; de Ellevi, "La democracia, secolo d'oro dell'ebraismo", *Gerarchia* (1938), p. 806; de Julius Evola, *Sintesi di Dottrina della Razza* (Milão: Hoepli, 1941), p. 148-149; de Ernesto Pesci, *Lotta e destino di razza* (Alterocca: Terni, 1939).

20. Essa dimensão era exclusiva do fascismo? Conforme Adorno explicou essa situação em 1944, ninguém ou nada (sequer a teoria freudiana e muito menos a sociedade capitalista) estava isento desse padrão, no qual o sujeito se torna "inverdade". De certo, Adorno observou que, no pensamento de Freud, existia uma tensão entre a emancipação e a normalização do

sujeito no mundo burguês. Mas, particularmente, Adorno advertia que a psicanálise também corria o risco de se tornar um "comportamento do tipo siga-meu-líder" que estaria conectado a uma situação na qual "a verdade é abandonada à relatividade, e o povo, ao poder". Se o "terror contra o abismo do 'eu'" estava plenamente normalizado, e o "eu" era anulado através de fórmulas, a psicanálise também corria o risco de se tornar uma resposta normalizada à alienação total da sociedade burguesa. Ver, de Theodor W. Adorno, *Minima Moralia* (Nova York: Verso, 2005), p. 60-66.

21. Ver, de Giuseppe Maggiore, "Logica e moralità del razzismo", *La Difesa della Razza*, 5 de setembro de 1938, p. 32; de Alfonso Petrucci, "Morte dell'ultimo illusionista", *La Difesa della Razza*, 20 de novembro de 1941, p. 27-28, 31.

22. Domenico Rende, "Il pansessualismo di Freud", *La Difesa della Razza*, 5 de outubro de 1938, p. 43, 45.

23. Ver, de Saul Friedlander, *Nazi Germany and the Jews: The Tears of Persecution, 1933-1939* (Nova York: HarperCollins, 1997), p. 172. Ver também, de Sander Gilman, *Freud, Race, and Gender* (Princeton, NJ: Princeton University Press, 1993), p. 31.

24. Sobre este tema, ver especialmente a obra pioneira de Meldini, *Mussolini contro Freud. On Italian "volontarismo"*; ver, e.g., o artigo sintomático de Antonio Monti, "Contributo ad una sintesi storica del volontarismo", *Gerarchia* (1936), p. 389-392. Ver também, de Umberto Mascia, "Il volontarismo italiano da Roma al fascismo", *Gerarchia* (1930), p. 1030-1034.

25. A primeira e mais importante das leis raciais italianas foi o Decreto n. 1728, de 17 de novembro de 1938, que restringiu os direitos civis dos judeus italianos, proibindo seus livros e os excluindo dos cargos públicos e do ensino superior. Leis

adicionais privaram os judeus de seus bens, restringiram suas viagens e, finalmente, previram seu confinamento no exílio interno, como era feito com os presos políticos.

26. Ver, de Friedlander, *Nazi Germany and the Jews*, p. 191; ver também, de Enzo Traverso, *The Origins of Nazi Violence* (Nova York: New Press, 2003), p. 95.

27. Ver, de Georges Sorel, *Reflections on Violence* (Nova York: Peter Smith, 1941), p. 137, 167.

9. DEMOCRACIA E DITADURA

1. Adolf Hitler, *Mein Kampf* (Nova York: Mariner, 1999), p. 316, 325-327.

2. Ugo D'Andrea, "Teoria e pratica della reazione política", *Critica Fascista*, 1º de fevereiro de 1925, p. 41.

3. Ver, de Joseph Fronczak, "The Fascist Game: Transnational Political Transmission and the Genesis of the U.S. Modern Right", *Journal of American History*, v. 105, n. 3, dezembro de 2018, p. 586; de Benjamin Zachariah, "A Voluntary Gleichschaltung? Indian Perspectives Towards a Non-Eurocentric Understanding of Fascism", *Transcultural Studies*, n. 2 (2014), p. 82.

4. Maria Hsia Chang, *The Chinese Blue Shirts Society* (Berkeley, CA: Institute of East Asian Studies, 1985), p. 19-20, 27.

5. "El fascismo y la democracia", *El Fascio*, Madri, 16 de março de 1933, p. 5.

6. Ver José Vasconcelos, "Otro fantasma: el nazismo en la América española", *Timón*, n. 11 (1940); e "Editorial", *Timón*, n. 15 (1940). Ambos os artigos foram reeditados

por ed. Itzhak M. Bar-Lewaw, *La Revista "Timón" y José Vasconcelos* (Cidade do México: Edimex, 1971), p. 138-139 e p. 102, respectivamente.

7. Ver, de Raul Ferrero, *Marxismo y nacionalismo: Estado nacional corporativo* (Lima: Editorial Lumen, 1937), p. 125, 187; de R. Havard de la Montagne, "Démocratie politique et démocratie sociale", *Action française*, 14 de maio de 1941, p. 1.

8. Leopoldo Lugones, *El estado equitativo (Ensayo sobre la realidad Argentina)* (Buenos Aires: La Editora Argentina, 1932), p. 11.

9. Leopoldo Lugones, *Política revolucionaria* (Buenos Aires: Anaconda, 1931), p. 52-53, 65-66; e *El estado equitativo*, p. 9, 11.

10. Leopoldo Lugones, "Un voto en blanco", *La Nación*, 3 de dezembro de 1922. Ver também, de Leopoldo Lugones, *Escritos políticos* (Buenos Aires: Losada, 2009), p. 191.

11. Leopoldo Lugones, "Ante una nueva perspectiva del gobierno del mundo", *La Fronda*, 16 de janeiro de 1933, p. 7.

12. Para alguns exemplos argentinos interessantes, ver Archivo General de la Nación [doravante AGN], Archivo Agustín P. Justo, Caja 36, doc. 277, *Reacción 1 quincena junio 1935*, n. 1, "La Legión cívica argentina"; Guido Glave, *Economía dirigida de la democracia corporativa argentina* (Buenos Aires: Imprenta L. L. Gotelli, 1936), p. 7, 25, 30, 135-136; AGN, Archivo Agustín P. Justo, Caja 104, doc. 151, 28 de fevereiro de 1942.

13. AGN, Archivo Agustín P. Justo, Caja 49, doc. 29, Nueva Idea año 1, n. 1, 19 de janeiro de 1935; Héctor Bernardo, *El régimen corporativo y el mundo actual* (Buenos Aires: Adsum, 1943), p. 52-54.

14. Charles Maier, *Recasting Bourgeois Europe* (Princeton, NJ: Princeton University Press, 1988).
15. Como observa o historiador António Costa Pinto, "Processos poderosos de transferência instutucional foram um marco distintivo das ditaduras de entreguerras [...] O corporativismo estava à frente desse processo, tanto quanto uma nova forma de representação de interesses organizada e como uma alternativa autoritária à democracia parlamentar. A difusão do corporativismo político e social, que, assim como o partido único, são características das transferências institucionais entre ditaduras europeias, desafia algumas interpretações dicotômicas do fascimo de entreguerras". António Costa Pinto, *The Nature of Fascism Revisited* (Nova York: SSM – Columbia University Press, 2012), p. xix. Ver também seu *Latin American Dictatorships in the Era of Fascism* (Londres: Routledge, 2020).
16. Ver, de ed. Antonio Costa Pinto e Federico Finchelstein, *Authoritarian Intellectuals and Corporatism in Europe and Latin America* (Londres: Routledge, 2019). Ver também, de António Costa Pinto, "Fascism, Corporatism and the Crafting of Authoritarian Institutions in Interwar European Dictatorships", em *Rethinking Fascism and Dictatorship in Europe*, ed. António Costa Pinto e Aristotle A Kallis (Basingstoke: Palgrave Macmillan, 2014), p. 87; de Matteo Passetti, "Neither Bluff nor Revolution: The Corporations and the Consolidation of the Fascist Regime (1925-1926)", em *In the Society of Fascists: Acclamation, Acquiescence, and Agency in Mussolini's Italy*, ed. Giulia Albanese e Roberta Pergher (Basingstoke: Palgrave Macmillan, 2012); de Alessio Gagliardi, *Il corporativismo fascista* (Roma: Laterza, 2010); de Philip Morgan, "Corporatism and the Economic Order", em *The Oxford Handbook of*

Fascism, ed. R. J. B. Bosworth (Oxford: Oxford University Press, 2019), p. 150-165; de Fabio Gentile, "O estado corporativo fascista e sua apropriação na era Vargas", em *Ditaduras: A desmesura do poder*, ed. Nildo Avelino, Ana Montoia e Telma Dias Fernandes (São Paulo: Intermeios, 2015), p. 171-195.

17. "Il corporativismo è l'economia disciplinata, e quindi anche controllata, perché non si può pensare a una disciplina che non abbia un controllo. Il corporativismo supera il socialismo e supera il liberalismo, crea una nuova sintesi." Ver, de Benito Mussolini, *Opera omnia*, ed. Edoardo e Duilio Susmel (Florença: La Fenice, 1951-1962), v. 26, p. 95.

18. Ver, de Hanks Kelsen, *The Essence and Value of Democracy*, ed. Nadia Urbinati e Carlo Invernizzi Accetti (Lanham, MD: Rowman & Littlefield, 2013), p. 63-66. Este livro foi originalmente publicado em 1920, e depois atualizado em 1929.

19. Francisco Franco, *Franco ha dicho* (Madri: Ediciones Voz, 1949), p. 43.

20. Francisco Franco, *Palabras del caudillo: 19 abril 1937-31 de diciembre 1938* (Barcelona: Ediciones Fe, 1939), p. 176.

21. Francisco Franco, *Discursos y mensajes del jefe del estado* (Madri: Dirección General de Cultura Popular y Espectáculos, 1971), p. 75.

22. Jorge Gonzalez von Marées, *El mal de Chile (sus causas y sus remedios)* (Santiago: Talleres Gráficos "Portales", 1940), p. 121-122.

23. A. F., "La démocratie et le mensonge", *Action française*, 2 de outubro de 1938.

24. Jean-Renaud, "Chambre d' Incapables, de nuls, ou de pourris", *La Solidarité nationale: Seul organe officiel du Parti du faisceau français*, 15 de julho de 1937.
25. AGN, Archivo Uriburu, Legajo 20, Sala VII 2596, Carpeta recortes s/n.
26. Para Uriburu, o fascismo havia modernizado o corporativismo. Ele se opunha tanto aos judeus quanto à Revolução Francesa: "Os revolucionários argentinos de 1930 não podem levar a sério a acusação de que somos reacionários. [Trata-se de uma acusação feita] com a linguagem e as ideias da revolução francesa [...] Não podemos levar a sério que uns poucos cidadãos naturalizados que viveram a angústia de opressões remotas escandalizem-se com o suposto propósito, que eles maliciosamente atribuem a nós, de querer importar sistemas eleitorais estrangeiros". AGN, Archivo Uriburu, Legajo 20, Sala VII 2596, Carpeta recortes s/n.
27. Franco, *Franco ha dicho*, p. 237, 242.
28. Franco, *Palabras del caudillo*, p. 149, 161, 276, 278.

10. AS FORÇAS DA DESTRUIÇÃO

1. Georges Valois, *La Révolution nationale* (Paris: Nouvelle Librairie Nationale, 1926), p. 81. Sobre a distinção entre lógica e verdade eterna, ver, de Sophia Rosenfeld, *Democracy and Truth* (Filadélfia: University of Pennsylvania Press, 2019), p. 15; de Hannah Arendt, "Truth and Politics", *The New Yorker*, 25 de fevereiro de 1967.
2. Ver Massimo Scaligero (Antonio Massimo Sgabelloni), "Principi di etica fascista", *Meridian*, janeiro de 1936, p. 9-10. Conforme exprimiu o fascista holandês De Vries

De Heekelingen, "O fascismo não anula o indivíduo, mas o subordina". H. De Vries De Heekelingen, "Bismark e Mussolini", *Critica Fascista*, 1º de setembro de 1926, p. 322. Para a carta de Bottai, consultar Archivio Centrale dello Stato, Roma, Itália, Archivi Fascisti, Segreteria Particolare del Duce, Carteggio riservato, B4 F BOTTAI GIUSEPPE SF 2.

3. Leopoldo Lugones, "Elogio de Maquiavelo", *Repertorio Americano*, 19 de novembro de 1927, p. 298.
4. Ver Sigmund Freud, *Civilization and Its Discontents* (Nova York: Norton, 1962), p. 8-9, 92.
5. Ver Sigmund Freud, *The Letters of Sigmund Freud*, ed. Ernst L. Freud (Nova York: Basic Books, 1960), p. 283.
6. Sigmund Freud, *Moses and Monotheism* (Nova York: Vintage, 1939), p. 67; Ernest Jones, *The Life and Work of Sigmund Freud* (Nova York: Basic Books, 1957), v. 3, p. 183, 184.
7. Sobre Freud e o fascismo, ver, de Federico Finchelstein, *El mito del fascismo: de Freud a Borges* (Buenos Aires: Capital Intelectual, 2015), p. 43-77.
8. Antonio Gramsci, *Passato e presente* (Roma: Editori Riuniti, 1979), p. 284.
9. Theodor Adorno, "Anti-Semitism and Fascist Propaganda" (1946), em *Gesammelte Schriften* (Frankfurt: Suhrkamp, 1990), v. 8, p. 406-407.
10. José Carlos Mariátegui, *Obra política* (Cidade do México: Era, 1979), p. 121-122.
11. Ver, de Benito Mussolini, *Opera omnia*, ed. Edoardo e Duilio Susmel (Florença: La Fenice, 1951-62), v. 7, p. 98.
12. Mariátegui, *Obra política*, p. 121-122.

13. Adorno, "Anti-Semitism and Fascist Propaganda", p. 401-402, 407.
14. Hannah Arendt, "Approaches to the German Problem", em *Essays in Understanding 1930-1954*, ed. Jerome Kohn (Nova York: Harcourt Brace, 1994), p. 111-112.
15. Jorge Luis Borges, "Letras alemanas: una exposición afligente", *Sur 8*, n. 49 (1938), p. 67; e *Obras completas IV* (Barcelona: Emecé, 1996), p. 378, 442.
16. Borges, *Obras completas IV*, p. 427, 442-444.
17. Ver, de Benito Mussolini, *Scritti e discorsi di Benito Mussolini* (Milão: Hoepli, 1934), v. 5, p. 190.

epílogo

1. Ver "Welcome to Dystopia: George Orwell Experts on Donald Trump", *The Guardian*, 25 de janeiro de 2017; de Henry Giroux, "'Shithole countries': Trump Uses the Rhetoric of Dictators", *Conversation*, 10 de janeiro de 2018; de Adam Gopnik, "Orwell's '1984' and Trump's America", *The New Yorker*, 27 de janeiro de 2017.
2. Ver, de Paul Farhi, "Lies? The News Media Is Starting to Describe Trump's 'Falsehoods' That Way", *Washington Post*, 5 de junho de 2019; de Katie Rogers, "An Orwellian Tale? Trump Denies, Then Confirms, 'Nasty' Comments about Meghan Markle", *The New York Times*, 5 de junho de 2019; "In 828 Days, President Trump Has Made 10,111 False or Misleading Claims", *Washington Post*, 27 de abril de 2019; de Glenn Kessler, Salvador Rizzo e Meg Kelly, "President Trump Has Made 13,435 False or Misleading Claims over 993 Days", *Washington Post*, 14 de outubro de

2019. Para outros exemplos, ver, de Susan B. Glasser, "It's True: Trump Is Lying More, and He's Doing It on Purpose", *The New Yorker*, 3 de agosto de 2008; de Stephen Walt, "Does It Matter That Trump Is a Liar?", *Foreign Policy*, 17 de setembro de 2018.

3. Michelle Boorstein, "Sarah Sanders Tells Christian Broadcasting Network: God Wanted Trump to Be President", *Washington Post*, 30 de janeiro de 2019; de Andrew Restuccia, "The Sanctification of Donald Trump", *Politico*, 30 de abril de 2019; "Trump to the National Prayer Breakfast: 'I will never let you down. I can say that. Never'", *Washington Post*, 7 de fevereiro de 2019; "Trump Says He's 'So Great Looking and Smart, a True Stable Genius', in Tweet Bashing 2020 Dems", *USA Today*, 11 de julho de 2019; de John Wagner, "Trump Quotes Conspiracy Theorist Claiming Israelis 'Love Him Like He Is the Second Coming of God'", *Washington Post*, 21 de agosto de 2019; de Chris Moody, "Donald Trump: 'God is the Ultimate'", *CNN*, 23 de setembro de 2015.

4. Ver, de Claudia Koonz, *Mothers in the Fatherland: Women, the Family, and Nazi Politics* (Nova York: St. Martin's Press, 1987), p. 268.

5. Peter Longerich, *Goebbels: A Biography* (Nova York: Random House, 2015), p. 696.

6. Amy Sullivan, "Millions of Americans Believe God Made Trump President", *Politico*, 27 de janeiro de 2018.

7. Nick Givas, "Trump Tells Reporters He's 'Always Right' during Oval Office Press Conference with Polish President", *Fox News*, 12 de junho de 2019, <www.foxnews.com/politics/trump-tells-media-always-right-cnn>. Ver também, de Ittai Orr, "Why His Fans Think Trump Has 'Great and

Unmatched Wisdom'", *Washington Post*, 8 de outubro de 2019.

8. Bob Bauer, "Trump's Voter-Fraud Lies Are a Betrayal of His Oath", *Atlantic*, 19 de novembro 2018.

9. Arnie Seipel, "Fact Check: Trump Falsely Claims a 'Massive Landslide Victory'", NPR, 11 de dezembro de 2016, <www.npr.org/2016/12/11/505182622/factcheck-trump-claims-a-massive-landslide-victory-but-history-differs>.

10. Ver, de Nadia Urbinati, *Democracy Disfigured: Opinion, Truth, and the People* (Cambridge, MA: Harvard University Press, 2014), p. 153. Ver também, de Nadia Urbinati, *Me the People: How Populism Transforms Democracy* (Cambridge, MA: Harvard University Press, 2019). Sobre o populismo, ver também, de ed. Carlos de la Torre, *Routledge Handbook on Global Populism* (Londres: Routledge, 2018); de Jan-Werner Müller, *What Is Populism?* (Filadélfia: University of Pennsylvania Press, 2016); de Cas Mudde e Cristóbal Rovira Kaltwasser, *Populism: A Very Short Introduction* (Oxford: Oxford University Press, 2017).

11. Ver, de Federico Finchelstein, *From Fascism to Populism in History*, p. 252-253.

12. *Idem*, p. 199.

13. *Idem*, p. 207-208. Sobre fascismo e populismo, ver também, de Mabel Berezin, "Fascism and Populism: Are They Useful Categories for Comparative Sociological Analysis?", *Annual Review of Sociology 45* (2019), p. 345-361.

14. Anshel Pfeffer, "How Benjamin Netanyahu Became a Holocaust Revisionist", *Haaretz*, 13 de dezembro de 2018. <www.haaretz.com/world-news/.premium-how-netanyahu-became-aholocaust-revisionist-1.6744462>; *Haaretz*, 20 de outubro de 2015, "Netanyahu: Hitler Didn't Want

to Exterminate the Jews" <www.haaretz.com/israel-news/netanyahuabsolves-hitler-of-guilt-1.5411578>.

15. Sobre esse tópico, ver meu prefácio para a edição em brochura de *From Fascism to Populism in History* (Oakland: University of California Press, 2019), p. xviii.

16. Hannah Arendt, *Between Past and Future: Eight Exercises in Political Thought* (Nova York: Penguin, 2016), p. 228.

17. Ruth Ben-Ghiat, "How to Push Back against Trump's Propaganda Machine", *Washington Post*, 20 de setembro de 2018. Ver também, de Patrick Iber, "History in an Age of Fake News", *Chronicle of Higher Education*, 3 de agosto de 2018.

18. Juan Domingo Perón, *Obras completas* (Buenos Aires: Docencia, 1998), v. 24, p. 468.

19. Trump disse, sobre a declaração de Mussolini: "É uma ótima citação, é uma citação muito interessante, e eu a conheço... Sei quem disse isso. No entanto, que diferença faz se foi Mussolini ou outra pessoa? É com certeza uma excelente citação". Ver, de Jenna Johnson, "Trump on Retweeting Questionable Quote: 'What difference does it make whether it's Mussolini'", *Washington Post*, 28 de fevereiro de 2016; de Peter Longerich, *Goebbels: A Biography* (Nova York: Random House, 2015), p. 71; de Katie Shepherd, "'Beyond repugnant': GOP Congressman Slams Trump for Warning of 'Civil War' over Impeachment", *Washington Post*, 30 de setembro de 2019. Sobre o nazismo e sua utilização de símbolos e linguagem, ver, de Ian Kershaw, *The "Hitler Myth": Image and Reality in the Third Reich* (Oxford: Oxford University Press, 1987).

20. Bolsonaro declarou, em 1999: "Através do voto, vocês não mudarão nada neste país, nada, absolutamente nada! As

coisas só vão mudar, infelizmente, no dia em que vocês iniciarem uma guerra civil, e fazendo o trabalho que o regime militar não fez. Matando uns 30 mil, começando por FHC [Fernando Henrique Cardoso]! Se alguns inocentes morrerem, tudo bem. Na guerra, pessoas inocentes morrem". De Kiko Nogueira, "Sou a favor da tortura. Através do voto, você não muda nada no país. Tem que matar 30 mil", *Diário do Centro do Mundo*, 4 de outubro de 2017.

21. Ver, de ed. Bruno Biancini, *Dizionario mussoliniano: mille affermazioni e definizioni del Duce* (Milão: Hoepli, 1939), p. 58; de Javier Lafuente, "Bolsonaro: 'Esta misión de Dios no se escoge, se cumple'", *El País*, 29 de outubro de 2018.

22. Conforme explicou o historiador Mark Mazower, "Costumamos tender a patologizar o fascismo e a tornar sua ascenção mais difícil de ser entendida". Ver, de Mark Mazower, "Ideas That Fed the Beast of Fascism Flourish Today", *Financial Times*, 6 de novembro de 2016.

23. Como colocou a historiadora Sophia Rosenfeld, em relação ao mundo particular do presidente americano, "Na Trumplândia, a verdade se torna falsa, e a falsidade disfarça a verdade". Ver, de Sophia Rosenfeld, *Democracy and Truth* (Filadélfia: University of Pennsylvania Press, 2019), p. 7.

24. Josh Dawsey, "Trump Derides Protections for Immigrants from 'Shithole' Countries", *Washington Post*, 12 de janeiro de 2018.

Este livro foi composto com tipografia Adobe Garamond Pro e
impresso em papel Off-White 80 g/m² na Formato Artes Gráficas.